Franz T. Cohn

Wir leben weiter

Buchhaus Flöha
09557 Flöha

Cohn, F: Wir leben weiter

VD 92838
ILN
BEHNR 422512362200
KP82 50383227

LIBRI 8027293 EN 9783960630050 Geb 7

100

09.05.18

12,50 EUR

feldten

01250

ZL

9 783960 630050

QUITTUNG

Buchhaus Flöha
Frank Haller
Str. 80, 095
03726/2537

Franz T. Cohn

Wir leben weiter

Die Geschichte einer Familie

Umschlagsbild
Diese Eisen-Skulptur vom Davidstern wurde von dem Onkel des Autors Gottfried Bermann-Fischer etwa 1965 geschaffen.

Bibliographische Information der Deutschen Bibliothek
Die Deutsche Bibliothek verzeichnet diese Publikation in der Deutschen Nationalbibliographie; detaillierte bibliographische Daten sind im Internet über www.d-nb.de abrufbar.

Impressum

Titel der schwedischen Ausgabe:
Vi lever vidare – en familjekrönika.
Papier Inhalt 100 g/m² Alser, bläulichweiß, Werkdruck 1,75 fach Volumen Geese
Gesetzt aus der Garamond BSK
Herstellung: Westermann Druck Zwickau GmbH
ISBN 978-3-96063-005-0
www.mironde.com | mail@mironde.com

DANK

Meine Kinder und Enkel haben mich zu diesem Buch inspiriert. Sie haben oft gefragt, wieso ich nach Schweden kam und haben mich nach unserer großen weltweit verstreuten Familie befragt.
Ich habe in den verschiedenen Arbeitsstadien wertvolle Kommentare auf die Entwürfe von den Freunden Richard Swartz, Paul Kester, Ingrid Lomfors, Bo Torekull und Birgit Blideman erhalten. Herzlichen Dank!
Meine Frau Eva hat es schwer, etwas über ihr Schicksal und das ihrer Familie zu erzählen. Sie sagt, dass die Worte, um die Hölle, die sie durchlebt hat, zu beschreiben, nicht erfunden sind. Es ist und war zu schmerzhaft für sie. Ich werde später in dem Buch doch von Evas Geschichte und der ihrer Familie berichten und wie gute Menschen uns zusammenführten.
Das Buch gründet sich vor allem auf meine eigenen Erinnerungen und Dokumente der Familie. Gedächtnisfehler können vorkommen, und ich bitte um Nachsicht. Soweit es möglich war, habe ich versucht, meine Quellen aus Publikationen, die mit Ereignissen, die ich beschreibe, zu tun hatten, anzugeben.

Franz T. Cohn

INHALT

DIE FAMILIE COHN – BERMANN

Salomon (Salo) und Elise Bermann

- **Bernhard**
  Landwirt
  ∞Lucy
  3 Kinder
  Argentinien
- **Robert**
  Jurist
  ∞Brigitte
  3 Kinder
  England
- **Gottfried Bermann-Fischer**
  Chirurg
  ✳1897
  † 1995
  ∞ **Brigitte (Tutti) Fischer**
  Tochter des Verlegers Samuel Fischer
  - 1926 Hochzeit
    Tochter Gabriella (Gaby)
    Tochter Gisela (Gisi)
    Tochter Annette
- **Margot**
  ✳1892
  † 1942
  ∞ **Fritz**
  Rechtsanwalt
  † 1942
  - **Hanna**
    ✳1919
    ∞Gerhard Sachs
    4 Kinder
    1939 Argentinien
    † 2017
  - **Hildegard**
    (Hilla)
    ✳1920
    ∞Rolf Sigler
    2 Kinder
    1939 London

Walter
Ökonom
∞Thea
2 Kinder
Frankreich

Jacob und Henriette (Henner) Cohn

Marianne

(Janne)
Berlin
1 Tochter
USA

Gustav

Architekt
∞Hilde
Tochter Ruth
1939
Neuseeland

Ernst

Chemiker
Tochter Irene
England
1 Sohn

Martin

Unternehmer
∞Emmy
1936
Norwegen
2 Kinder
1939 USA
∞Josefine

Lotte

∞N. Kramer
Sohn Wilhelm
(starb als junger Mann)
Tochter
Gabriele Mautner USA

Helene

(Lene)
∞RA Gustav
Goldstaub
1938 London
Sohn Heinz
Sohn Werner
Tochter Anne

Franz ∞ **Eva**

*1927 *1929

∞ 1948 – 3 Kinder – 7 Enkel
nähere Angaben im Buch

EPILOG 1 – DAS ENDE

Diesen frühen Abend senkte sich die Dunkelheit über das kleine landwirtschaftliche Dorf Asker, 16 Kilometer südwestlich von Oslo. Datum: 25. November 1942.
Es wäre Zeit, dass jetzt meine Ablösung kommt, dachte Mette Nicklasen, die die Tagesschicht in der manuellen Telefonanlage betreute. Gerade da leuchtete die Signallampe einer der ankommenden Linien auf.
Asker antwortete Mette. *Kann ich mit der Polizeiwache sprechen*, sagte die eisige Stimme am anderen Ende. Kein freundlicher Ton, dachte Mette und verband mit der Asker Polizeistation, aber verblieb aus Neugier weiter hängen und hörte mit.
Hier die Staatspolizei. Befehl: Holen Sie morgen früh die deutschen Juden Fritz und Margot Cohn in Asker ab und bringen Sie die an den Hafen in Oslo, wo das Schiff »S/S Donau« liegt. Übergeben Sie die Cohns der Polizei an der Schiffsbrücke. Die können eine Tasche mit persönlichen Gegenständen und Essen für vier Tage mitnehmen. Verstanden?
Mette verstand, was dieses bedeutete. Sie kannte die Cohns und Frau Cohn hatte einen Mantel für ihre kleine Tochter genäht. Es gab Gerüchte über Aktionen gegen norwegische Juden und man hatte mehrere bereits in norwegische Lager gebracht.
Lange nach dem Krieg vertraute sich Mette (sie hieß in Wirklichkeit anders) einer guten Freundin aus Asker an, die mir dieses erzählte. Ihr Gewissen sagte ihr, dass sie sofort Fritz und Margot Cohn hätte warnen sollen, damit sie sich verstecken, aber dieses könnte sie selbst in Gefahr bringen, mit Todesstrafe zur Folge. Sie hörte später, was mit Cohns geschah und quälte sich mit diesem Gewisssenskonflikt ihr gesamtes weiteres Leben lang.

Die zwei Schutzmänner von der Polizei in Asker fuhren am nächsten Tag, dem 26. November, am frühen Morgen zu Fritz und Margot Cohn, die im zweiten Stock des Hauses der Pensionäre Borgersen wohnten, und wollten den Haftbefehl vollstrecken. Fritz begann ein Gespräch mit den zwei jungen blonden Polizisten, er hatte Norwegisch gelernt, während Margot anfing, die Koffer zu packen. Sie hatte die Geistesgegenwart, herunter zu Borgersens zu schleichen, um ihren Schwager Martin Cohn in seiner Villa in Hövik anzurufen. Zu Margots Erleichterung nahm Martin ab. *Die Polizei ist hier, um uns wegzuführen*, flüsterte Margot, *geht Ihr und versteckt Euch, die sind nach allen Juden aus.*

Martin nahm Margots Warnung ernst und versteckte sich sofort in seiner Berghütte. Seine Frau Josefine, die nicht jüdisch war, verschloss die Villa, nachdem sie wertvolle Teppiche und Kunst bei Nachbarn versteckt hatte, und schloss sich Martin an. Das Paar wurde etwas später durch die norwegische Widerstandsbewegung nach Schweden geschmuggelt. Sie lebten bis zur Befreiung von Norwegen in Borås in Westschweden, wo Martin Geschäftsfreunde, alte Kunden von ihm, hatte. Sie erhielten ihr Haus in Hövik und allen Besitz zurück und lebten dort den Rest ihres Lebens. Rückblickend bekam Martin zu wissen, dass jemand in der Polizei, der ihn kannte, seinen Namen auf der Verhaftungsliste vom 26. November 1942 gestrichen hatte. Fritz und Margot wurden durch die norwegische »Ordningspolitiet« die bei der Aktion mitmachte, die 16 Kilometer nach Oslo zur »S/S Donau« und Abfahrt nach Stettin transportiert, eine schreckliche Reise, über die bereits geschrieben und unter anderem im Fernsehen berichtet wurde. 767 norwegische und staatenlose Juden wurden mit »S/S Donau« und einigen weiteren Schiffen nach Stettin und dann in Güterzügen weiter nach Auschwitz gebracht.

Margot wurde sofort nach Ankunft am 1. Dezember 1942 ermordet. Fritz erhielt eine Häftlingsnummer 79090 auf dem Arm eintätowiert und wurde zur Zwangsarbeit kommandiert.[1)]
An das, was er zu tun hatte, will ich nicht denken. Zur gleichen Zeit kam ein Transport mit Juden aus Berlin zu den Gaskammern in Auschwitz. Unter ihnen waren laut Nazi-Archiven Fritz' Schwester Marianne Rosenwald, geb. Cohn, die es nicht geschafft hatte, irgendwohin auszuwandern. Laut den Archiven wurde Fritz am 7. Januar 1943 ermordet. Nur 25 jüdische Norweger, die meisten jung und stark, überlebten und konnten über ihre Erfahrungen nach der Rückkehr berichten.
Dies ist der Epilog zu dem, was ich erzählen möchte. Aber zuerst einige Fragen.

---

1 Kristian Ottosen: I slik en natt – historien om deportsjonen av jöder fra Norge. (Übersetzt: Solch eine Nacht – die Geschichte der Deportation von Juden aus Norwegen.) Aschenhougs 1994 und 1995.

Wie kam es, dass sich die norwegische Polizei dazu hergab, die Juden einzufangen?
Norwegen wurde am 9. April 1940 von der deutschen Wehrmacht besetzt. Mit Hilfe des norwegischen Faschisten Vidkun Quisling, der die Macht in einem Staatsstreich denselben Abend übernahm, wurde die deutsche Oberhoheit geschaffen. Der norwegischen Regierung und der königlichen Familie war die Flucht aus Oslo gelungen und sie hatten es nach England geschafft. Einzelheiten sind unter dem Stichwort »Quisling« bei Wikipedia zu finden.
1941 wurde die norwegische Polizei in zwei Teile geteilt: die Ordnungspolizei und die Staatspolizei. Die Staatspolizei bekam einen Chef, der ein glühender Nazi war – Karl Marthinsen – und der eine enge Zusammenarbeit mit der deutschen Gestapo begann. Im selben Jahr wurden die nationalsozialistischen Rassengesetze in Norwegen eingeführt, und man fing an, Juden zu registrieren. Als man Anfang 1942 begann, Juden zu verhaften, gab die Staatspolizei den Auftrag an die Ordnungspolizei. Die Verhaftung von Fritz und Margot Cohn in Asker erfolgte deswegen durch die Ordnungspolizei im Dorf.
Eine Frage, die nicht beantwortet werden kann, aber die in meinem Kopf herumgeht, ist, wie die schwedische Polizei gehandelt hätte, wenn die deutschen Nazis Schweden besetzt hätten oder wenn man eine ganz prodeutsche schwedische Regierung gebildet hätte, die den deutschen Ansprüchen hinsichtlich der Juden nachgegeben hätte?
Auf die unbeantwortete Frage gibt es jedoch eine halbe Antwort. Schweden hat sich vielen deutschen »Wünschen« offen oder hinter den Kulissen angepasst.

Ein relativ großer Teil der Schweden und auch einige in der Polizeispitze hatten gegenüber dem nationalsozialistischen Deutschland Sympathie, bis sich 1942 das Kriegsglück der Nazis wendete. Hier haben Mitglieder meiner Familie eigene Erfahrungen, aber darauf komme ich wieder zurück.

BOYKOTT DER JUDEN IN DER SCHWEDISCHEN WIRTSCHAFT

Die Nazis begannen ihre deutschen Rassen-Gesetze in Schweden hinter den Kulissen einzuführen. Schwedische Unternehmen, die mit deutschen Unternehmen Handel trieben und Firmen, die jüdische Eigentümer oder Mitarbeiter hatten, waren das Ziel. Es war reine Erpressung: entweder sie verabschieden ihre Juden oder es ist Schluss mit ihrer Verbindung mit uns! Einige Firmen entgingen dem nur, weil es zu viel Aufmerksamkeit hätte erregen können. Viele schwedische jüdische Unternehmer wurden von dieser Nazi-Kampagne in den Konkurs getrieben, und viele Juden konnten keinen neuen Arbeitsplatz in ihrer jeweiligen Branche finden. Schwedische Gesetze, die diese direkte Unterdrückung der schwedischen Wirtschaft aufhalten würden, kamen nie in Frage.[1)]

Einer, der durch den Boykott getroffen wurde, war John Benzian, Vater von meinem Stockholmer Spielgefährten Rolf. Manchmal, als Vater John aus dem Büro nach Hause kam, sahen wir, dass er sehr besorgt war. Er erzählte dann etwas darüber, dass Kunden nicht mehr mit ihm Geschäfte machen wollten.

John Benzian war bereits in den frühen 1930er Jahren von Hamburg ausgewandert und leitete eine Handelsgesell-

---

1 In einem Aufsatz von Sven Nordlund veröffentlicht vom Forum für lebende Geschichte ist diese Unterdrückung der Juden in Schweden beschrieben. (In schwedischer Sprache)
http://www.levandehistoria.se/sites/default/files/material_file/skriftserie-2-en-omoralisk-handel.pdf
Das Forum für lebende Geschichte hat auch mehrere andere Schriften über die schwedische Nachgiebigkeit gegen Hitlerdeutschland veröffentlicht, die aus Hitlers Sicht gesehen eine Okkupation überflüssig machte.

schaft in Stockholm, die Metalle und andere Rohstoffe importierte. Rolfs älterer Bruder war mein Reisebegleiter für die Gruppe der Kinder, mit der ich nach Schweden gebracht wurde.

Oft war ich bei der Familie Benzian in der Wohnung auf der Rigastraße. Alle Mitglieder dieser Familie wurden sehr gute und enge Freunde.

Die schwedischen Nazis haben Listen der schwedischen Juden Anfang der dreißiger Jahre aufgestellt. Als Norwegen besetzt wurde, arrangierten mehrere schwedisch-jüdische Familien Verstecke, vor allem für ihre Kinder, in den Wäldern Nordschwedens.

Ab Januar 1939 lebte ich in dem neuen Stadtviertel Gärdet (die Wiese) in Stockholm, das von den Kasernen mehrerer Regimenter (A 1, I 1, K 1) umgeben war. Zu diesem Gebiet gehört ein großes Feld, das das Militär als Übungsgelände nutzte. Ich sah, wie Rekruten mit Kanonen, von Pferden gezogen, übten. Als Kontrast hatte ich im Jahr zuvor gesehen, wie deutsche Truppen mit schweren Panzern durch meine Geburtsstadt Chemnitz donnerten. Das war nach der abgeschlossenen Operation zur Besetzung der Tschechoslowakei.

Wie sollte Schweden sich gegen diese Panzermonster verteidigen? So dachte ich als nachdenklicher Zwölfjähriger. Norwegen konnte es nicht, sie waren gerade so wehrlos wie Schweden und Dänemark.[1]

1 François Kersaudy: Schlacht von Norwegen in 1940. Fischer & Co. 2000. In Schwedisch.

Wer waren Fritz und Margot, zwei Menschen unter 6 Millionen jüdischen Opfern des nationalsozialistischen mörderischen Vorgehens?
Wie kamen Fritz und Margot nach Norwegen und warum nach Asker?
Wie haben sie dort gelebt?
Von woher kamen sie und welches Leben hatten sie hinter sich gelassen?
Wo sind ihre Kinder hin?
Was geschah mit ihren Familien?
Um diese Fragen zu beantworten, muss ich zunächst in die Zeit vor dem ersten Weltkrieg zurückblicken.

Passbilder von Fritz und Margot, vor der Reise nach Norwegen aufgenommen

Margot wurde am 2. August 1892 geboren als lang ersehnte Tochter von Elise und Salo (Salomon) Bermann in der deutschen Stadt Gleiwitz in Oberschlesien (heute Gliwice in Polen). Salo war Arzt und hatte seine Patienten sowohl unter den deutschen Bürgern in Gleiwitz als auch unter polnischen Bauern in der Umgebung.
Sein Sohn Gottfried erzählt in seinen Memoiren, dass der Vater oft in der tiefsten Nacht mit einer Pferdekutsche zu einer schwierigen Geburt geholt wurde. Diese polnischen Landwirte bezahlten oft »in natura«, weswegen der Familie Bermann selten Eier oder Geflügel auf dem Tisch fehlten. Gottfried beschreibt auch eine Volksmedizin, die Bauern verwendeten, um böse Wunden zu heilen. Es war verschim-

Salo und Elise Bermann.
Die Bilder müssen um 1925 aufgenommen sein.

melter Käse, der aufgestrichen wurde! Dies war lange vor der Entdeckung des Penizillins durch Alexander Fleming. Elise hat die medizinische Praxis und den Haushalt betreut. Dr. med. Salo Bermann, der schließlich den ehrwürdigen Titel Sanitätsrat bekam, war auch aktiv in der Leitung der jüdischen Gemeinde von Gleiwitz, deren Präsident er für einige Jahre war.[1)]

Margot hatte einen älteren Bruder, Bernhard, und zwei jüngere Brüder, Gottfried und Robert.

Bernhard verließ mit seiner Familie Deutschland in den späten 1930er Jahren und wurde Landwirt in Argentinien. Es war der jüdische Patron des späten 18. Jahrhunderts, Baron Moritz Hirsch, der Ackerland in Argentinien für jüdische Familien gekauft hatte. Bernhard mit seiner Frau Lucy und seinen drei Kindern bekam selbst ein paar Tausend Quadratmeter mit zugehöriger Baracke zugewiesen und versuchte, Landwirtschaft, Gartenbau und Geflügelzucht, mehr oder weniger ohne Vorkenntnisse der Sprache, des Bodens, des Klimas und der sozialen Verhältnissen, zu betreiben. Sie hatten es, soweit ich hörte, sehr schwer.

Gottfried war Chirurg und bekam eine Stelle in einem Krankenhaus in Berlin. Er spielte in seiner Freizeit Violine und traf bei Freunden Brigitte Fischer (Tutti), die eine tüchtige Pianistin war. Sie spielten Kammermusik (Hausmusik) zusammen mit anderen jungen Musikern.

Tutti war die Tochter des Buchverlegers Samuel Fischer, der 1886 eines von Deutschlands renommiertesten Verlagshäusern, den S. Fischer Verlag, gegründet hatte.

Nachdem sie eine Reihe von Quartetten gespielt hatten, verliebten sich Gottfried und Tutti und beschlossen schließ-

1 Wegen ZYDZI GLIWICCY-die Juden von Gliwice – Museum w Gliwicach, Gliwice 2006. Auf Englisch mit Zusammenfassung in Englisch und Deutsch.

lich zu heiraten. Aber sie mussten Samuel Fischer um seine Zustimmung bitten, denn Tutti war noch nicht 21 Jahre und also nicht volljährig. Er gab seine Zustimmung zur Ehe, aber fragte Gottfried, ob er in den Verlag gehen möchte, um später sein Nachfolger zu werden. Dies könnte als eine versteckte Vorbedingung oder vielleicht gar als ein Ultimatum interpretiert werden. Gottfried nahm den Vorschlag des zukünftigen Schwiegervaters an und arbeitete ab 1925 im Verlag, in erster Linie, um mehr über das Unternehmen und den Beruf eines Verlegers zu lernen. Tutti und er heirateten im Jahre 1926.

SAMUEL FISCHER VERDIENT EINEN ZUSÄTZLICHEN ABSCHNITT

Als ein armer jüdischer Junge, 1859 in einem ungarischen, deutschsprachigen Dorf geboren, ging er als Teenager aus Wien nach Berlin und bildete sich bei kleinen Firmen in der Publishing-Branche aus. Er arbeitete sich nach oben und fing an, lokale Zeitschriften herauszugeben. Schließlich begann er Bücher zu veröffentlichen und hatte Erfolg mit den Autoren, die er wählte. Zu seinen ersten und sofort erfolgreichen Verfassern gehörten unter anderen Émile Zola, Fëdor Michailovič Dostojewski und Lev Nikolajevič Tolstoi. Dazu kamen dann die bedeutenden Schriftsteller Gerhart Hauptmann und Henrik Ibsen, später auch Thomas Mann und viele andere. Samuel Fischer starb 1934.

Samuel Fischer, 1911

Verlobungsfeier von Fischers im Juni 1925 auf der Erdener-Straße 8, Berlin-Grunewald. In der Mitte Tutti und Gottfried, von Hedwig Fischer und Elise Bermann umgeben. Dahinter: Margot Cohn und Salo Bermann. Vorne: Hilde Fischer. Fritz Cohn und Samuel Fischer fehlen auf dem Bild.

Zwei große Biographien erschienen: Peter de Mendelssohn »S. Fischer und sein Verlag«, 1970, 1487 Seiten, und Barbara Hoff-Meister »S. Fischer, der Verleger«, 2011, 494 Seiten, beide erschienen im Verlag S. Fischer.
1936 wurde der Verlag aufgeteilt. Ein Teil mit den jüdischen und nazikritischen Autoren wurde von Gottfried nach Wien verlegt, in den dort gebildeten Bermann-Fischer Verlag. Der zweite Teil, mit den für die Nazis akzeptablen Autoren, wurde von einem Angestellten, Peter Suhrkamp, weitergeführt und hieß dann Suhrkamp-Verlag. Dieser Teil wurde nach dem Krieg nie an den ursprünglichen Eigentümer zurückgegeben. Gottfried und Tutti spielen später eine wichtige Rolle, nicht nur für Margot und Fritz, sondern auch für mich. Für mich lebensrettend, da sie dazu geführt hat, dass ich im Jahr 1939 nach Schweden gerettet wurde. Ich werde mehr dazu schreiben und somit auch über Gottfrieds Geschichte und Lebenslauf.
Über Margots formative Periode habe ich nicht viele Informationen, weiß nur, dass sie gleichzeitig mit der Mädchenschule, wo wahrscheinlich Nähen ein wichtiges Thema war, eine gute Pianistin wurde. Um 1912, sie war damals 20 Jahre alt, besuchte sie die Kusine ihres Vaters, Flora Altmann, in Chemnitz. Dort wurde sie zu Floras engen Freunden, der Familie Cohn eingeladen und hatte die Gelegenheit, zusammen mit ein paar von den Söhnen der Familie »Hausmusik« zu spielen, d.h., Klaviersonaten, Trios oder Quartette (Mozart, Beethoven, Schubert, etc.), wie es in dem deutschen Mittelstand zu dieser Zeit üblich war.
Margots jüngster Bruder Robert war als Jurist ausgebildet. Er heiratete Brigitte Meyer-Lindenberg. Sie emigrierten vor dem Krieg nach England, siedelten in Welwyn Garden City an und hatten drei Kinder, mit denen ich in Kontakt geblieben bin. Robert kommt später wieder in der Geschichte vor.

Jacob und Henriette Cohn, geb. Maas, hatten acht Kinder, fünf Söhne und drei Töchter. Ein weiterer Sohn wurde geboren, starb aber als Kleinkind.
Jacob ist in der Mitte des 18. Jahrhunderts als junger Mann von Schwerin nach Chemnitz gezogen und konnte mit Hilfe der Mitgift seiner Frau Henriette eine Produktion von Handschuhen und Socken anfangen. Diese entwickelte sich über alle Erwartungen und die Firma fing auch an zu exportieren, besonders nach Skandinavien.
Der älteste von fünf Söhnen war Fritz. Er studierte Rechtswissenschaften und wurde promoviert. Da er gut Geige spielte, musizierten er und Margot zusammen bei Margots Besuch in Chemnitz. Sie verliebten und verlobten sich, aber der Weltkrieg kam dazwischen. Als Akademiker wurde Fritz bei Ausbruch des Krieges einberufen und zum Leutnant ernannt. In einer Schlacht an der Westfront wurde er durch einen Granatsplitter an einem Bein verwundet, aber dieses heilte einigermaßen. Er erhielt dann das Eiserne Kreuz.
Als 1914 der Krieg ausbrach, meldete sich Margot als freiwillige Krankenschwester, was als natürlich für eine Ärztetochter gesehen werden kann. Sie heirateten im Jahr 1918, als der Krieg endete. Fritz war 33 und Margot 26 Jahre alt.
Ich möchte auch kurz die anderen sieben Cohn-Geschwister erwähnen, weil sie in der weiteren Geschichte bleiben. Der zweitälteste war Gustav, der Architekt wurde und die Pianistin Hilde Gorodetsky heiratete. Sie hatten eine Tochter, Ruth, und lebten in Chemnitz, bis sie im Jahre 1939 Visa für Neuseeland bekamen. Ruth, die eine meiner engsten Spielgefährten während unserer Kindheit in Chemnitz war, ist in jungen Jahren an Leukämie gestorben. Hilde und

Gustav, der Stadt-Architekt wurde, lebten in Wellington bis zum hohen Alter. Sie hatten die Möglichkeit, uns in den 1960er Jahren in Stockholm zu besuchen.

1884 heirateten Jacob Cohn und Henriette (Henner), geb. Maas

Martin, der bereits in der Geschichte erscheint, ging in Vater Jacobs Unternehmen und wurde dessen Sternverkäufer mit Skandinavien als wichtigsten Exportmarkt. Sein großes Interesse waren Jagen und Fischen. In Langenhennersdorf

Margot und Fritz – verlobt im Ersten Weltkrieg

bei Pirna, etwa 110 Kilomter nordöstlich von Chemnitz, betrieb er eine Fuchsfarm und hatte dort auch ein schönes Landhaus wie ein Chalet im Schweizer Stil. Bereits 1936 zog Martin nach Norwegen, wo er eine Villa in Hövik, dem eleganten Vorort von Oslo, erwarb. Er begann mit Import aus England und Schottland und hatte durch seinen Export aus Chemnitzer Zeiten gute Kundenkontakte.
Mit der ersten Frau Emmy hatte er die Söhne Helmut und Werner. Helmut gelang es 1939, in die Vereinigten Staaten auszuwandern und arbeitete dort unter anderem als Kellner im historischen Roosevelt Hotel in New York. Werner hatte

Margots Vater und alle drei Brüder wurden während des Ersten Weltkrieges in die kaiserliche deutsche Armee einberufen, ihr Vater als Militärarzt, die Brüder als Offiziere.
Sitzend von Links: Fritz Cohn, Dr. Salo Bermann, Gottfried Bermann. Stehend, Robert und Bernhard Bermann.

Martin nach Kopenhagen geschickt, wo die Familie seiner zweiten Frau, Josefine, lebte. Werner konnte zusammen mit den dänischen Juden 1943 über den Öresund nach Schweden fliehen und dort sein Abitur machen. Nach dem Krieg kehrte Werner nach Kopenhagen zurück, nahm sein Diplomingenieursexamen und wanderte mit seiner Frau Rosa, einer aus Wien stammenden dänischen Jüdin, in die USA aus, wo er eine Karriere bei General Electric machte. Während ich dies schreibe, lebt er noch in guter Gesundheit bei 90+ in Kalifornien. Eine Tochter lebt in Florida und hat eine große Familie. Ein Sohn lebt in der Nähe von San Francisco, nicht weit weg von ihm.

Fritz' Bruder Ernst war als Chemiker ausgebildet. Als Jude hatte er es schwer, einen Job in der deutschen chemischen Industrie zu finden. Eine Änderung des Namens von Cohn in den Mädchenname Maas der Mutter half wenig. Er konnte zeitweise in der Fabrik seines Schwagers Norbert Kramer in der Textil-Chemie arbeiten. Er hatte eine Tochter, Irene, aus seiner ersten Ehe. Irene war mein Spielkamerad und bester Freund in Chemnitz. Ernst emigrierte nach Leicester in England und arbeitete dort als Chemiker, er bekam einen Sohn, Douglas, in seiner zweiten Ehe.

Das schwarzes Schaf der Familie, oder besser gesagt der rote Wolf war der jüngste Sohn Walter. Ausgebildet als Ökonom, ging er in die Partei, von welcher er glaubte, sie sei am besten in der Lage gegen Hitler zu kämpfen, nämlich die Kommunistische Partei Deutschlands. Walter musste früh aus Deutschland fliehen, um den Nazis zu entkommen und ließ sich in Frankreich nieder. Dort traf er andere deutsche Kommunisten, einschließlich Thea, die er heiratete. Während des Zweiten Weltkrieges kämpfte Walter in dem kommunistischen Teil der französischen Résistance gegen die deutschen Besatzungstruppen. Nach dem Krieg wurden

Walter und Thea sehr bürgerlich. Walter bekam eine Stellung als administrativer Chef in einem pharmazeutischen Unternehmen, die im Besitz von seinem ehemaligen Führer in der Widerstandsbewegung stand.
Zu seinem Abkehren vom Kommunismus hat beigetragen, wie Walter mir erzählte, dass Theas Brüder, die als treue Kommunisten in die Sowjetunion geflohen sind, von Stalin umgebracht wurden. Stalin traute diesen Deutschen nicht.
Im Bild sehen wir vorne die drei schönen Cohn-Mädchen sitzen. Marianne auf der linken Seite war geschieden, lebte in Berlin und wollte nicht zu der Tochter und dem früheren Ehemann in die Vereinigten Staaten ziehen.
In der Mitte Charlotte (Lotte), verheiratet mit Norbert Kramer. Sie erscheint später in der Handlung, aber ver-

Fritz Cohn und seine Geschwister als Erwachsene. Foto um 1930. Stehend von links nach rechts: Martin, Walter, Fritz, Ernst und Gustav. Sitzend: Marianne (Janne), Lotte und Helene (Lene).

dient eigentlich ein eigenes Kapitel. Ihre Tochter Gabriella Mautner hat jedoch mehrere Bücher über ihre Mutter und über das Leben in Chemnitz geschrieben, wo ich die relevanten Fakten finden konnte. Lotte starb im hohen Alter in Denver, Colorado.
Auf der rechten Seite sitzt Helene, Tante Lene, wie wir Kinder sie nannten. Sie heiratete Rechtsanwalt Gustav Goldstaub, lebte in Rostock, aber zog 1938 nach London. Zwei Söhne wurden dort erfolgreiche Unternehmer, eine Tochter heiratete in New York. Tante Lene kommt auch in den weiteren Abschnitten vor. Ihre Söhne und deren Familien wurden enge Freunde von mir und meiner Familie.

Meine Kusine Reni (Tochter von Ernst Maas) und ich bei Großvati Jacob und Großmutti Henner 1928

Urlaub am Bodensee, vermutlich 1930.
Hintere Reihe von links: Großmutter Henriette, genannt Henner, Großvater Jacob, Margot, Oma Elise, Opa Salo.
Im Vordergrund sitzen Hilla, Franz, Fritz und Hanna..

Chemnitz in Sachsen befindet sich nahe der Grenze zur Tschechoslowakei in einem Dreieck ca. 70 km von Leipzig und 70 km von Dresden entfernt. Es war damals eine blühende Industriestadt mit etwa der gleichen Größe wie Malmö in Schweden. Es gab und gibt immer noch ein Opernhaus, ein Theater und eine technische Hochschule. Nach dem zweiten Weltkrieg während der Kommunistischen DDR war der Name Karl-Marx-Stadt. Chemnitz bekam wieder den alten Namen nach der Wiedervereinigung mit Westdeutschland.
Das jüdische Chemnitz wird in einem großen Artikel mit Bildern im Internet beschrieben.[1] Meine eigenen Erinnerungen von der Stadt Chemnitz umfassen die Gerüche, wie sie ein Kind wahrnimmt; den Kohlenrauch der Dampflokomotiven bei der Eisenbahn und den Gestank aus den Färbereien am Rande des Chemnitz-Flüsschens, aber auch den Duft der schönen Rosen im Stadtpark. Darüber hinaus den Lärm aus den zahlreichen mechanischen Industrien, der sich über die unteren Teile der Stadt ausbreitete.

1 http://www.xn--jdische-gemeinden-22b.de/index.php/gemeinden/c-d/80-chemnitz Sachsen

Fritz gründete 1918 eine Anwaltskanzlei in Chemnitz, die schnell wuchs. Schließlich nahm er einen Partner, einen 15 Jahre jüngeren Rechtsanwalt, Dr. Helmut Klemperer. Bereits im November 1919 wurde die Tochter Hanna geboren und ein Jahr später noch eine Tochter, Hildegard, genannt Hilla. Nach sieben Jahren Pause wurde im Jahr 1927 der lang ersehnte Sohn, Franz Theodor, geboren. Franz nach Vatis bestem Freund Franz Schreiber, Theodor nach dem griechischen »Gottes Geschenk«. So wurde es auf alle Fälle behauptet.
Fritz und Margot mieteten eine größere Wohnung in Chemnitz auf dem Kaßberg. Eulitzstrasse 13 lag nicht weit von Fritz' elterlichem Haus auf der Heinrich-Beck-Straße. Dieses wurde später ein Vorteil für die Mädchen, denn sie gingen eher zu Grossmutti Henner zum Abendessen, wenn zuhause die Soldaten-Diät, die ihr Vater liebte, serviert wurde, zum Beispiel Linsensuppe oder die preußischen Königsberger Klopse.
Eulitzstrasse 13 war ein fünfstöckiges Gebäude aus dem neunzehnten Jahrhundert ohne Fahrstuhl, mit einer großen 6-Zimmer-Wohnung im Erdgeschoss und auf jeder Etage. Der Dachboden hatte kleine Zimmer, wo das Personal wohnte.
Wir lebten auf der ersten Etage. Als Hilfe hatte Margot eine Köchin/Dienstmädchen (Johanne) und das Kindermädchen (Dora). Darüber hinaus engagierte sie zeitweise eine Näherin, Frau Baumann, obwohl sie selbst in der Lage war, neue Kleider für ihre Töchter mit Hilfe von fertigen Mustern zuzuschneiden. Außerdem kam Frau Krüger für's Waschen und Bügeln. Die Wäsche wurde in einem großen kohlengefeuerten Kessel im Keller gekocht und auf Leinen im Hof und auf dem Balkon getrocknet.

Es brauchte alle diese Hilfe, um den altmodischen Haushalt mit drei Kindern und einem Umgang mit einer großen Familie und großem Freundeskreis zu führen. Dies und noch mehr organisierte Margot in meisterlicher Weise.

Margot und Fritz mit Hanna und Hilla vor dem Haus Eulitzstraße 13, im Jahre 1925. Im Fenster des Obergeschosses stehen Köchin Johanne und Kindermädchen Dora.

Was habe ich nur getrieben? Im Alter von neun Jahren bekam ich einen Baukasten namens »Elektromann«. Dazu gehörten Anweisungen zum Erstellen eines Mikrofons in einer Zündholzschachtel mit zwei langen Nägeln als Elektroden und etwas Kohle-Pulver (das mitkam). Kopfhörer waren auch dabei. Hurra! Jetzt konnte ich problemlos herausfinden, worüber meine Eltern in ihrem Schlafzimmer redeten und was sie machten. Neugier und Wissensbegier schienen angeboren. Das Mikrofon wurde unter ihrem Bett versteckt, Kupfer-Drähte zog ich entlang des Flurs in mein Zimmer, wo ich Kopfhörer und Batterie hatte. Leider wurde der Draht entdeckt, bevor ich Zeit hatte, die Anlage zu erproben.

Mit »Elektromann« lernte ich aber, wie vieles anderes Elektrisches gebaut werden konnte und wie es funktioniert.

Meine nächste technische Erregung kam, als ich einmal Konrad und Klaus Schreiber, die Söhne der besten Freunde meiner Eltern und etwas älter als ich, besuchte. Die Jungen hatten einen Funkempfänger mit Radioröhren gebaut. Diese leuchteten auf. Da dachte ich, dass dies auch mein Hobby werden könnte, aber im Alter von zehn Jahren fehlten mir leider die Mittel.

Die Chance bekam ich, als ich vor meiner bevorstehenden Reise nach Schweden im Januar 1939 (als jüdisches Flüchtlingskind) in einem Elektroladen in Berlin einige Komponenten kaufen durfte, mit denen man einen Kristallempfänger bauen konnte. Es kam ein Handbuch mit. Dann, bei Verwandten in Stockholm etabliert, verband ich den Detektor mit der Spule und dem Kondensator, fixierte das Erdkabel am Heizelement und befestigte den Antennendraht an der Regenröhre außerhalb des Fensters. Bingo! Stockholm-Spånga kam herein auf Mittelwelle. Ich verstand nicht, was gesagte wurde, aber jetzt war ich verbunden und somit vollständig an die Radiotechnik verloren. Das musste dann weitergehen. Ein batteriebetriebener Empfänger mit Radioröhren, mit dem man die BBC auf Kurzwelle anhören konnte, war mein Ziel. Der Zweite Weltkrieg war dann ausgebrochen und Englisch konnte ich genug. Es dauerte eine Weile, das finanzielle Problem zu lösen. Ich verdiente mir das Geld, indem ich älteren Damen ihre Weihnachtsbäume nach Haus trug und in der Freizeit Laufbursche in einem Radiogeschäft auf der Erik-Dahlbergs-Straße wurde. Der Name des Besitzers war Isidor Pettersson und er lehrte mich alles, was er selbst konnte. Hier einzufügen ist, dass bereits mein in Chemnitz entwickeltes technisches Interesse wahrscheinlich meinem Vater eine gewisse Enttäuschung verursacht hat. Fritz hoffte sicherlich, dass ich als sein Nachfolger Rechtsanwalt werde. Nun zurück nach Chemnitz.

Die Wohnung in der Eulitzstrasse 13 wurde von Kachelöfen und eiseneren Öfen mit Kohlebriketts geheizt. Diese wurden aus dem Kohlenkeller geholt. Der wurde von einem »Kohlenmann« im Herbst aufgefüllt. Johanne musste im Winter 6 Uhr aufstehen, um Feuer zu machen, damit die Wohnung einigermaßen warm wurde, ehe die Kinder frühstückten und um 7 oder 8 Uhr zur Schule gingen. Im Badezimmer stand ein hoher runder Wasserkessel, dessen Ofen einmal wöchentlich angefeuert wurde. Der wurde später durch einen gasbetriebenen Warmwasserbereiter ersetzt, aus dem sofort heißes Wasser zum Baden oder Duschen kam. Neben dem Kohlenkeller war Fritz' Weinkeller, den er selber im Herbst mit den neuen Mosel- und Rheinweinen auffüllte. Es war dort unten wirklich dunkel, und ich ging nur selten runter. Wenn es um Beleuchtung geht, habe ich eine frühe Erinnerung, dass Handwerker kamen, um die Gasleitungen an der Decke jedes Raumes abzumontieren.

Stattdessen wurden elektrische Leitungen und Armaturen mit Glühbirnen installiert, um die Zimmer anstelle des weißen Lichtes der Gasbrenner zu erleuchten. Aber die Gasbrenner in der Straßenbeleuchtung in Chemnitz blieben noch erhalten. Ein Mann ging am Abend zu Fuß durch die Straßen, um sicherzustellen, dass sich alle Laternen angezündet hatten.
Das Abwasser des Hauses ging in eine Grube im Garten, die einmal im Jahr von einem großen Tank-LKW geleert wurde. Der fuhr dann raus auf die Felder außerhalb der Stadt, wo der Dreck als Dünger verbreitet wurde. Ein natürlicher Kreislauf. Einmal kam ich auf dem Weg von unserem Schrebergarten in ein neugedüngtes Feld hinein. Diesen Fehler machte ich nie wieder.
Jeden Spätsommer und Herbst verwandelte sich die Küche der Familie in eine veritable Konservenfabrik. Tieffrieren war noch nicht erfunden, und zu Konserven in Blechdosen rümpfte man die Nase. Frische Lebensmittel wurden in einem Kühlschrank mit Eisblöcken verwahrt, die der »Eismann« auf dem Rücken ab und zu herantrug. Im Übrigen mussten wir die Lebensmittel, die bis zur nächsten Ernte gebraucht wurden, selbst einlegen. Es war Kompott und Marmelade von Pflaumen, Äpfeln und einer Vielzahl von Beeren und Gemüsen. Einiges wurde gekauft, anderes kam aus dem eigenen Garten. Die mit Dampf pasteurisierten, luftdicht verschlossenen Gläser wurden dann in der Speisekammer oder im Keller aufbewahrt. Eier wurden in großen Töpfen mit Wasserglas (Natrium-Silikat) konserviert, denn es gab in der dunklen Jahreszeit keine frischen Eier zu kaufen. Die Hennen legten damals im Winter keine Eier. Selbst konnte ich bei der Arbeit mithelfen und entkernte Kirschen und Pflaumen.

Der Haushalt, wie hier beschrieben, benötigte Margots organisatorische Fähigkeiten, aber darüber hinaus auch ihre medizinischen Kenntnisse, wenn die Kinder krank wurden. Zu dieser Zeit gab es nur Impfstoff gegen Pocken. Ich bekam während meiner ersten zehn Jahre den Roten Hund, Windpocken, Masern, Mumps und Scharlach. Keuchhusten und Diphtherie entging ich, obwohl diese zeitweise als Epidemien in der Stadt auftraten. Alle diese Kinderkrankheiten verlangten damals viel mehr Pflege als heute, wo die Kinder dagegen geimpft werden.
Darüber hinaus hatte ich alle Weile Mandelentzündungen, was dazu führte, dass meine Mandeln entfernt werden mussten. Für uns Kinder mit Infektionen aller Art in den Atemwegen hatte Margot erprobte Hausmittel. Penizillin war noch nicht erfunden. Fieber-Gipfel wurden durch Schwitzen gebrochen. Man wurde in mehrere warme Decken eingewickelt und bekam heißen Lindenblütentee, bis der Schweiß ausbrach. Ein weiteres Heilmittel, Dampfkuren, konnte gegen falschen Krupp und Bronchitis helfen. Man hielt seinen Kopf über eine Schüssel mit dampfendem Wasser, hinzugefügt eventuell Pfefferminze, und mit einer Decke darüber atmete man den Dampf ein.
Darüber hinaus musste Margot mich zum Augenarzt bringen, um Gläser für meine Kurzsichtigkeit auszuprobieren, und bei Bedarf zum Zahnarzt.
All dies hatte sie natürlich auch früher getan, als es um meine älteren Schwestern ging. Aber darüber hinaus verwundete ich oft meine Knie, wenn ich fiel, und es entstand Eiter in der Wunde. Die Ursache war natürlich, dass kleine

Jungen in Deutschland keine langen Hosen trugen, sondern lange oder kurze Strümpfe hatten, je nach Saison.
Dank der Hilfen, die die Familie bis 1937/38 beschäftigte, hatte Margot doch einige freie Zeit für sich selbst und konnte Klavier spielen. Zusammen mit Fritz verbrachte sie gern Zeit mit Freunden und Familie. Beide spielten Hausmusik, Fritz war ein guter Geiger. Mehrere der Freunde spielten die Geige oder Cello. Es wurden Schubert, Mozart, Beethoven oder Brahms etc. im Salon gespielt. Der kleine Sohn, der schlafen wollte, schätzte diese schöne Musik nicht, die durch die Türen drang. Der Klavierunterricht, den Margot mir gab, war auch nicht meine Melodie. Es war wohl falsch, meine Mutter als Lehrerin zu haben. Der Respekt fehlte. Die älteste Schwester Hanna mühte sich mit ihrem Cello ab, während Hilla sehr erträglich Klavierspielen lernte.
Wenn es ein großes Abendessen gab, musste ich im Voraus essen und mich hinlegen.
Eines Tages, ich weiß nicht mehr in welchem Jahr, kam eine junge, schöne und gut gekleidete Frau mit einer Pagen-Frisur zu uns nach Chemnitz. Es war Josefine, genannt Josse, Onkel Martins neue Frau. Josse kam aus Kopenhagen und ihr Deutsch hatte einen schönen dänischen Akzent. Sie lächelte uns zu und umarmte ihre neuen Verwandten. Sie duftete gut, gebrauchte Lippenstift und war wie eine Brise aus der großen Welt in dem provinziellen Chemnitz.

Fritz war ein liebevoller Vater. Beim Sonntagsfrühstück, wenn ihm als Familienvater ein weichgekochtes Ei serviert wurde, bekam ich den perfekt abgeschnittenen Kopf.
An meine Sonntagsspaziergänge mit ihm erinnere ich mich. Er erzählte mir über seine Erfahrungen im Krieg, aber von allen Grausamkeiten entfernt. Unsere Wanderungen gingen in der Regel unter einer Eisenbahnbrücke hindurch, wo ich die Lokomotiven, die vorbeidampften, bewunderte. Dies war in einem Alter, als ich Lokomotivenführer werden wollte.
Vatis Hobby war Gartenarbeit. In unserem Schrebergarten, der sich auf Gangabstand von der Eulitzstrasse befand, züchtete er Salat und vieles andere Gemüse. Wir hatten zwei Pflaumenbäume, auf die mein Spielgefährte und ich hinaufkletterten und halbreife Pflaumen pflückten. Es gab Beerenbüsche, einen großen Sitzplatz und einen kleinen Schuppen, wo die Gartenmöbel aufgehoben wurden. Hinter ein paar Büschen gruben mein Freund und ich ein großes Loch in die schlammige Erde. Dieses wurde unser Räuberversteck. An einem Nachmittag, als wir zum Schrebergarten kamen, war unser geheimes Versteck mit Gartenabfall gefüllt. Dies war das einzige Mal, dass ich auf meinen Vater richtig wütend wurde.
Fritz hatte seinen Tagesablauf. In das Büro am Morgen, dann nach Haus zum Hauptmahl des Tages, das wie immer um die Mittagszeit gegessen wurde – Suppe, Hauptgericht und Nachtisch – dann einen kurzen Mittagsschlaf. Dieser wurde manchmal durch das Treiben der Mädchen gestört, die dann von Vati eine tüchtige Schelte bekamen. Dann ging er zurück ins Büro. Sechs Uhr abends kam er wieder

nach Hause. Einen Abend im Monat ging Fritz zur Kegelbahn, trank Bier mit seinen Freunden und hatte am Morgen danach schlechte Laune. Manchmal spielte er mit ein paar Freunden bei uns zu Hause das deutsche Kartenspiel Skat. Es war im Herrenzimmer, wo man auch musizierte. Dort gab es neben dem großen Flügel Bücherregale mit Bänden der Klassiker Schiller, Goethe und Heine, aber auch von dem von Fritz geschätzten Schriftsteller Joseph Conrad. Dazu viele Bücher aus dem S. Fischer Verlag, die sein Schwager Gottfried schickte. Im Schlafzimmer der Eltern hatte Fritz einen hohen Schrank für seine Angelausrüstung mit verschiedenen Ruten, Schachteln mit Angelhaken und Fliegen in verschiedenen Farben, welche er in der Regel selbst anfertigte mit einer von Fliegenfischern entwickelten ganz eigenen Wissenschaft.
Als kleiner Junge, der überall herumlief, bemerkte ich das meiste, was geschah.
Ein Radiogerät, diese Modernität, bekamen wir erst am Anfang der Hitlerzeit. Es stand im Wohn- und Esszimmer. In diesem Radio hörte ich die Hassreden gegen die Juden, die Hitler und andere Nazianführer an das deutschen Volk herausbrüllten.

Wir waren eine jüdische Familie, die nichts anderes sein wollte. Großvater Jacob Cohn soll aus einer traditionellen Familie gekommen sein. Großmutter Henriette kam aus einem liberalen Haus in Westdeutschland, wo nur wenige Traditionen ausgeübt wurden. Margots Eltern waren, was ich verstehen konnte, liberale Juden, die Feiertage gehalten haben und in die Synagoge gingen und am Versöhnungstag (Yom Kippur) fasteten. Wie schon erwähnt war Vater Salo Bermann zeitweilig der Präsident der jüdischen Gemeinde in Gleiwitz. Sie lebten nicht koscher, soweit ich weiß. Margot hielt die Feiertage auf gleiche Weise, aber die Chanuckalichter wurden ergänzt mit einem Weihnachtsbaum, um nicht von den Nachbarn und ihren Kindern, mit denen ich spielte, abzustechen.

Sowohl meine Schwestern als auch ich nahmen an vielen Veranstaltungen in der jüdische Gemeinde teil. Ich war in einer Gruppe von Kindern unter der Leitung von einem Rolf Sigler – auf den ich zurückkommen werde. Das Interesse meiner Schwestern an den Veranstaltungen und den Gottesdiensten in der Synagoge war vielleicht dadurch verursacht, dass sie dort nette Jungen trafen. Es gab auch eine zionistische Jugendgruppe, aber die Möglichkeit nach Palästina auf Aliyah zu gehen, war aufgrund der britischen Einwanderungseinschränkungen begrenzt.

Außerdem muss ich den jüdischen Sportverein in Chemnitz erwähnen, wo Erwachsene, Jugendliche und Kinder verschiedene Sportarten wie Tennis und Fußball ausüben konnten. Juden wurden nicht in andere Clubs hereingelassen. Die Geschichte besagt, dass dieser jüdische Sportverein auf einem Gelände, das einem Herrn von Kohorn, einem jüdischen Textilfabrikanten, gehörte, angelegt wurde. Meine Tante Lotte war eine erfahrene Tennisspielerin. Meine Schwester Hilla spielte Tennis mit gleichaltrigen Jungen und Mädchen. Ich war Mitglied einer Fußballmannschaft für Jungen und erinnere mich, dass wir nach Leipzig fuhren, um in einer Art Makkabiade (jüdische Olympiade) gegen Mannschaften aus anderen Städten zu spielen. Für ältere Leute gab es auf dem Sportplatz ein Clubhaus mit Bewirtung und man saß während der Sommer-Sonntage draußen und spielte Bridge. Die Kinder konnten Himbeergelee und Vanillepudding bekommen.

Synagoge in Chemnitz.
Sie wurde während der »Reichspogromnacht« niedergebrannt.

FERIEN

Die Familie Cohn reiste während des Sommers in die Ferien. Ich erinnere mich an die Wochen in den Jahren 1932 bis 1935 in Hotels am Walchensee und in Oberstdorf in den Bayerischen Alpen. In Oberstdorf hatte die nationalsozialistische Jugendbewegung Hitlerjugend ein Lager, aber man kümmerte sich nicht um uns. Vati war wie die Bayern in kurzen Lederhosen, sogenannten Seppelhosen, gekleidet und Mutti ging in einem geblümten Kleid – ein Dirndlkleid – und sah aus wie eine deutsche Bauersfrau. Einmal gingen wir in ein mondänes Hotel in den slowakischen Gebirgen. Das lag auf der Hohen Tatra in den Karpaten. Viele der Gäste waren jüdische Familien aus Berlin. Sie schauten misstrauisch auf die »goyisch« gekleidete Familie Cohn.
Der Grund, warum wir immer in die Berge und nie zu einer Küste gingen, war, dass Fritz sein geliebtes Hobby ausüben wollte, Fliegenfischen in Seen und Flüssen. Margot ging stattdessen in den Wald, Pilze zu pflücken, die sie in Scheiben schnitt, auf Fäden aufzog und trocknen ließ, um sie mit nach Hause zu nehmen.
Im Winter gingen Ferienreisen zu Skigebieten ins nahe gelegene Erzgebirge, eine bis über 1200 m hohe Bergkette zwischen dem deutschen Sachsen und dem tschechischen Böhmen. Fritz und Margot waren tüchtige Skiläufer und wir Kinder lernten sowohl Skifahren als auch Eislaufen.

Ab 1933, als Hitler und die Nazis in Deutschland an die Macht kamen, änderte sich das Leben der jüdischen Mitbürger. Fritz betrachtete sich selbst mehr als ein Deutscher als ein Jude und es dauerte mehrere Jahre, ehe er, der für Deutschland im Ersten Weltkrieg gekämpft und das Eiserne Kreuz dafür erhalten hatte, verstand, dass er in Schwierigkeiten geraten könnte.
Deutschland war ja die Heimat seiner Eltern. Da hatten ihre Vorfahren seit Hunderten von Jahren gelebt. Sie fühlten sich als Deutsche.
Ich war sechs Jahre alt, als Hitler 1933 die Macht in Deutschland übernahm. Heute, mit 90, fühle ich mich manchmal wie ein Geschichtsbuch auf Beinen, und auch, wenn ich mich nicht immer erinnern kann, was ich vor einer Stunde getan habe, kann ich mich gut erinnern, was ich als Kind in den 1930er Jahren in Deutschland erlebt habe.
Hitler definiert ganz klar, welche Gruppen nicht in sein neues arisches Reich passen: Juden, Zigeuner, Homosexuelle, Behinderte. Die Nazis begannen früh damit, eigene deutsche Kinder, die mit einer körperlichen oder geistigen Behinderung geboren waren, zu registrieren. Diese Kinder wurden in Institutionen eingeführt und getötet. Dies hörte ich als Geflüster schon als Kind. Es wurde bestätigt, als die Nazis besiegt waren. Wer in der Lage war, dem, was damals und später passierte zu folgen, wusste, dass die in Nazi-Deutschland organisierten Pogrome bereits 1933, unmittelbar nach Hitlers Machtübernahme, begannen. Die Nationalsozialisten nahmen jeweils einen kleinen Schritt. Erst acht Jahre später verwirklichten sie das totale Programm von Hitler, eine vollständige und sogar industrielle Vernichtung von Juden, wo immer man sie fand.

Zuerst kam der Ruf: *Kauft nicht bei Juden.* Er hallt heute wieder, wenn hier einige Gruppen zu einem Boykott von israelischen Waren auffordern. Danach kam eine diskriminierende Verordnung nach der anderen, alle gegen die Juden gerichtet. Mein Vater, unter vielen anderen Juden, erkannte die drohende Gefahr nicht. Deutschland war seine Heimat. Er verstand nicht rechtzeitig, dass es Zeit war wegzugehen. Bereits 1933 wurden alle jüdischen Staatsangestellten entlassen und mit diesen alle jüdischen Akademiker und Forscher in den Universitäten, sowie jüdische Ärzte in öffentlichen Krankenhäusern. Hart erarbeitete Doktortitel wurden verwirkt. Jüdische Anwälte durften nicht mehr vor Gericht erscheinen und keine nichtjüdischen Klienten betreuen. Fritz' Umsatz fiel schnell und er zog aus seinem großen Büro auf der Reitbahnstraße in ein Einzelzimmer in einem Bankgebäude um. Sein Partner, Dr. Helmut Klemperer, verließ Chemnitz klugerweise 1937 und wanderte nach Ecuador aus. Er protestierte schon 1933 öffentlich dagegen, dass die jüdischen Rechtsanwälte diskriminiert wurden.[1)] 1953 kehrte er nach Deutschland zurück und arbeitete als Anwalt in Wiesbaden bis 1957. Er starb 1968.

Jüdische Unternehmungen mussten arisiert werden. Sie mussten für einen Bruchteil ihres Wertes an Arier verkauft werden.

Die Juden wurden nach und nach ihrer Menschenrechte beraubt. Ihre Bankkonten wurden gesperrt.

Raub und Diebstahl waren Teil des nationalsozialistischen Programms. Dass gewöhnliche anständige Deutsche ein

1 Dr. Klemperers Brief ist bei Wikipedia zu finden unter »Dr. Helmut Klemperer«.

Auge gegenüber diesen Aktivitäten zudrückten, möchte ich dadurch erklären, dass viele von ihnen aus dieser Politik Nutzen zogen. Stellungen und Wohnungen wurden vakant, Unternehmen und Eigentum konnten günstig erworben werden.

Die Nazi-Führer waren tüchtig, sich selbst zu bereichern. Kunst, gestohlen aus jüdischen Häusern und Sammlungen, gelangten in die Hände von den höchsten Nazis. Anders Rydell in seinem Buch »Die Räuber – wie die Nazis Europas Kunstschätze gestohlen haben« (in Schwedisch bei Pocketförlaget 2013 erschienen) beschreibt im Detail die Plünderungen.

Ich sah »Der Stürmer«, Streichers Hasszeitung, auf Plakaten in der Stadt angeschlagen, mit Karikaturen von Juden. Man bildete sie ab als abscheuliche Parasiten und Schädlinge.

Ich erinnere mich, dass ich nicht mehr ins Kino gehen durfte. Ich habe nicht schwimmen gelernt, denn Juden durften sich nicht mit Ariern im selben Schwimmbad vermischen.

Eine lebenslang anhaltende schmerzliche Enttäuschung erlebte ich mit meinem besten Freund Gisbert, als er mich nicht mehr grüßte. Er war ein nicht-jüdischer Junge, der gegenüber von uns wohnte und mit dem ich jeden Nachmittag nach der Schule spielte. Es war ihm verboten worden, mit dem Juden Cohn umzugehen, als er bei der Kindergruppe der Hitlerjugend, dem Jungvolk, anfing.

Und dann eines Tages musste Mutter allen Gold- und Silber-Schmuck herausholen und auf den Tisch legen. Er sollte abgegeben werden, hatten die Behörden bestimmt. Eheringe durfte man behalten. Es war für eine Geldstrafe von einer Milliarde Mark, welche die Juden im Reich zu bezahlen hatten, als Schadenersatz dafür, dass ein pol-

nisch-jüdischer Jugendlicher in Paris einen deutschen Diplomaten als Rache für die Deportation seiner Eltern in ein Niemandsland an der polnischen Grenze ermordet hatte. Eines Tages bekamen wir noch einen Vornamen. Alle Juden männlichen Geschlechtes sollten Israel heißen. Alle weiblichen Geschlechtes bekamen den Namen Sara. Der Vorname neugeborener Kinder musste aus einer Liste ausgewählt werden, die die Nazis veröffentlichten. Diese Namen waren jüdisch oder biblisch, so dass die Rasse eindeutig hervorging.
Meine Eltern versuchten zu Hause eine entspannte Atmosphäre zu schaffen, um ihre Kinder zu schützen. Erst später verstand ich, welchem schrecklichen Druck sie ausgesetzt waren. Die Wirklichkeit war aufdringlich. Als ich einmal auf der Straße ging, kam eine Gruppe von Jungen, die mir drohten, mich zu schlagen und schrien – *Weh du Judenschwein, wenn du zurückschlägst.* Außerhalb der eigenen Wohnung war man nicht in der Lage, das Kind zu schützen.
Nach dem Jahreswechsel 1937/38 durften keine jüdischen Kinder mehr in die öffentlichen Schulen gehen. Ich wurde im Februar 1938 aus dem Lateingymnasium meiner Heimatstadt Chemnitz rausgeworfen.
Ich war damals zehn Jahre. Margot fand für mich einen pensionierten Lehrer für den Rest des Frühjahrssemesters. Er lehrte mich die Grundlagen der englischen Sprache. Im Herbst kam ich in eine jüdische Privatschule in Berlin, die Dr. Leonore Goldschmidt-Schule. Da wurden wir Kinder von jüdische Lehrern betreut. Die hatten uns gern und waren hilfreich, sodass es Spaß machte, zur Schule zu gehen, obwohl ich fern von zu Hause war. Ich blieb an der Goldschmidt-Schule bis zum Dezember 1938, da nahm meine Reise nach Schweden Gestalt an. Die Schule zog 1939 nach London und existierte dort weiter bis 1941.

DAS FINSTERE JAHR 1938

1938 wurde ein für Margot und Fritz unglaublich schwieriges Jahr. Nachträglich ist es schwer zu verstehen, wie sie es überstanden haben.
Die Wolken, die über den Juden hingen, wurden zunehmend finsterer. Allmählich gelang es einigen unserer jüdischen Familien, Deutschland zu verlassen. Sie fanden Zuflucht anderswo auf der Welt. Für einen Teil war ihre Rettung nur temporär, bis die Nazis kamen und das Land besetzten. Nahe Verwandte der Familie, Fritz' Brüder und Schwestern sowie Margots Brüder mit Familien und ihre Mutter wurden über ganz Europa, die USA und sogar Neuseeland zerstreut.
Den gesamten Herbst 1938 arbeitete meine Mutter, um Wege zu finden, ihre drei Kinder, und bald auch ein Enkel, in Sicherheit zu bringen. Dieses war erfolgreich, und im ersten Quartal 1939 wurde ich nach Stockholm, Hilla nach London und Hanna mit Tana nach Buenos Aires weggeschickt. Margot rüstete uns aus mit allem, was wir brauchten, und für diesen Zweck musste sie die Erlaubnis zur Nutzung des gesperrten Geldes beantragen.
Ich kann nachträglich kaum verstehen, wie Margot alles dieses schaffen konnte. Ihr Ehemann war ja im Konzentrationslager Buchenwald und sie wusste nicht, ob er lebte und noch gesund war. Außerdem wusste sie, dass sie selbst mit Fritz dringend einen sicheren Zufluchtsort finden musste.

Ich lebte in der jüdischen Internatsschule in Berlin und fühlte den Geruch eines Feuers, als ich morgens erwachte. 1000 Synagogen in Deutschland wurden auf Befehl der höchsten Stelle niedergebrannt. 7500 jüdischen Geschäften in jüdischem Besitz wurden die Schaufenster eingeschlagen (daher der Name »Kristallnacht«) und geplündert. Als ich den nächsten Tag mit der Straßenbahn in die Stadt fuhr, sah ich die Berge von Glassplittern. Was für ein Zynismus, dieses Kristall zu nennen! Ich sah auch lange Schlangen von Juden, die um ein Visum nachsuchten, außerhalb der ausländischen Konsulate.
Ich musste zusammen mit Oma Elise, die in Berlin lebte, zur jüdischen Gemeinde gehen, um notwendige Bescheinigungen für meine eventuelle Abreise nach Schweden zu erhalten. Während wir dort warteten, gingen eine Reihe dünner, bleicher Männer mit traurigem Blick, rasierten Köpfen und in Sträflingsanzügen durch die Halle in einen anderen Raum. Dies waren gerade freigelassene jüdische Häftlinge aus Konzentrationslagern, die bei der Gemeinde Geld leihen mussten, um nach Hause fahren zu können.
Die Nationalsozialisten brachten während der Reichspogromnacht meinen Vater und 30.000 weitere jüdische Männer in Konzentrationslager. Die Absicht war damals nur, die Juden zum Verlassen von Deutschland zu bringen. Während ich in der jüdischen Internatsschule in Berlin wohnte, wusste ich nichts davon. Fritz kam nach zwei Monaten als ein gebrochener Mann nach Haus. Für Margot und Fritz wurde jetzt das Wichtigste, ihre drei Kinder aus dem Land zu schicken. Es war Zufall oder Vorsehung, dass wir in drei verschiedene Länder, aber in Sicherheit kamen.

HANNA NACH ARGENTINIEN

Einer der jungen Juden, der abreiste, war der Verlobte meiner Schwester Hanna, Gerhard Sachs. Sie war fast 19 Jahre. Er hatte einen Job in Argentinien als Textilmaschinentechniker in einer jüdischen Textilfabrik erhalten. Im März 1938 nahm er Abschied und bei ihrer letzten leidenschaftlichen Umarmung wurde Hanna schwanger. Dies wurde das neue Problem von Mutter Margot. Was tun?

Zuerst dachte Margot an Abtreibung. Das war nicht in Deutschland möglich, aber konnte in Budapest gemacht werden. Margot organisierte dann eine Reise dorthin. Nach außen hin wurde gesagt, dass Hanna einen Kurs in Hauswirtschaft machen würde. Aber als Hanna in Budapest ankam, bereute sie ihre Entscheidung auf Grund ihrer religiösen Überzeugung, wie sie erst viel später schrieb. Fritz unterstützte ihre Reue und sie kam wieder nach Haus. Aber damit Hanna und das erwartete Kind Gerhard nachfolgen könnten, müssten sie verheiratet sein. Mit Hilfe des argentinischen Konsuls in Leipzig konnte Fritz im Herbst so etwas Ungewöhnliches wie eine Ferntrauung organisieren. Ich erinnere mich an die Kiste mit Wein, die Fritz bestellt hatte, um dem hilfsbereiten Konsul zu danken. Das Kind wurde zu Hause geboren, denn Juden durften nicht mehr in Krankenhäuser aufgenommen werden. Eine jüdische Hebamme konnte kommen und die Geburt verlief ohne Komplikationen. Das war Mitte Dezember 1938. Ich war vom Internat in Berlin zurückgekommen, wurde aber in der Nähe bei Freunden im Haus während der Zeit, die Hanna gebären würde, aufgenommen. Als dies glücklich beendet war, konnte ich nach Haus kommen, um das Baby zu bewundern. Wenn es die Brust bekam, konnte ich, ein elf-

jähriger Junge, zum ersten Mal ein paar nackte Frauenbrüste sehen und ihre eigentliche Aufgabe verstehen. Das Baby, ein feines Mädchen, hatte sehr guten Appetit, den Hanna stillen konnte. Es bekam den von den Nazis genehmigten jüdischen Mädchennamen Tana und konnte dann im April 1939 mit ihrer Mutter zu ihrem Vater Gerhard nach Buenos Aires reisen. Ich hörte dann, dass das Paar später in Buenos Aires von unserem Rabbiner Hugo Fuchs aus Chemnitz nach jüdischer Sitte getraut wurde. Er konnte schon etwas früher nach Argentinien auswandern. (Siehe das Stichwort Hugo Chanov Fuchs bei Wikipedia.)
Aber Hannas Reise nach Argentinien im April 1939 war nicht problemlos. Sie und die kleine Tana reisten mit einer Gruppe von jungen Juden, die eine Art Handwerkskibbutz

Hanna, 1937

in Argentinien beginnen wollten. Sie hatten ein Visum für Bolivien, aber es kam zu 14 Tagen Aufenthalt in Paris, um den Konsul zu bestechen, bevor die Reise nach Buenos Aires fortgesetzt werden konnte. Hanna schreibt 50 Jahre später, dass sie fünf Tage im argentinischen Hafen warten mussten, um die Behörde zu bestechen und dann das Schiff mitten in der Nacht zu verlassen. *Da ich dann drei Jahre illegal im Land war*, schrieb Hanna, *verlor ich dadurch meine Kisten (mit Bettwäsche, Leinen etc., die Margot mitgeschickt hatte).* Tana bekam drei Geschwister, wuchs auf und wurde eine anerkannte Künstlerin. Margot und Fritz haben ihr erstes Enkelkind nie wieder gesehen. Auch keines der anderen acht Enkel haben sie erlebt.

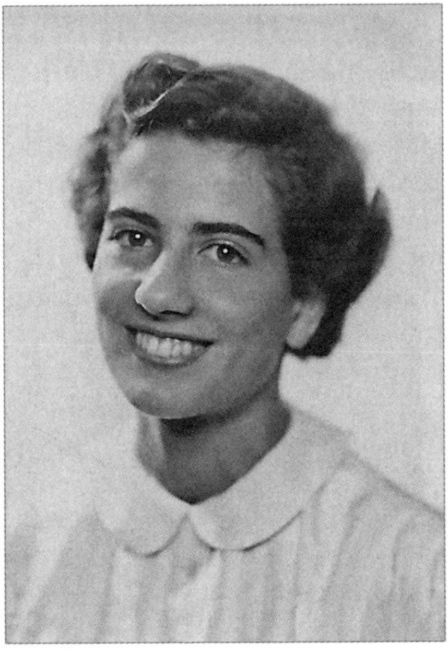

Hilla, 1938

HILLA NACH LONDON

Schon vorher versuchten Margot und Fritz, die beiden anderen Kinder aus Deutschland heraus zu bringen. Hilla wurde Anfang 1938 zu einem Kurs in Textildesign und Zuschneiden in eine jüdische Gewerbeschule in Berlin geschickt, welche ihr einen nützlichen Beruf gab. Margots Bruder Robert Bermann hatte es geschafft, sich in England niederzulassen und konnte Hilla eine Stellung als Dienstmädchen verschaffen. Hilla reiste im Frühjahr 1939 nach London. Es wurde berichtet, dass sie zu einer netten englischen Familie kam und mit dieser den Sommer in dem Seebad Bournemouth an der Küste verbrachte. In London bekam sie Liebe und Unterstützung bei unserer warmen und fürsorglichen Tante Lene Goldstaub, die mit ihrem Ehemann Gustav aus Rostock im Vorjahr auswandern konnte. Lenes und Gustavs Söhne, Heinz (Henry) und Werner, waren auch nach London gekommen, während Tochter Anne ein Visum für die Vereinigten Staaten bekam und dort hin ging und heiratete. Hilla verlobte sich 1940 mit Rolf Sigler, der es geschafft hatte, bereits 1936 Deutschland zu verlassen. Sie heirateten und bekamen zwei Kinder. Hilla wurde von einem jüdischen Hersteller von Damenwäsche in London angestellt, wo sie Karriere machte. Beide überlebten unverletzt den deutschen Bombenkrieg gegen London. Rolf bekam eine Stelle bei der deutschen Abteilung der BBC und arbeitete mit an Informationssendungen in deutscher Sprache, die an das deutsche Volk gerichtet waren. Nach dem Krieg ging er mit seinem Bruder in die Firma seines Vaters und arbeitete mit bei der Vermarktung von englischer Herrenbekleidung. Hilla und Rolf hatten eine Tochter und einen Sohn und vier Enkelkinder. Bisher konnte Hilla, jetzt 95 Jahre alt, zwei Urenkel erleben.

Ich, Franz, bekam einen Platz unter den 500 jüdischen Kindern aus Deutschland und Österreich, deren Einreise Schweden zugestimmt hatte. Diese Rettungsaktion trug den Namen »Kindertransport«. Die 500 Elternpaare dieser Kinder konnten jedoch das Einreisevisum nicht erhalten. Nur wenige von ihnen haben die Verfolgungen überlebt.

Tutti und Gottfried in Stockholm, 1939

Franz, im Alter von 12 Jahren

Schweden war weiterhin sehr restriktiv bezüglich jüdischer Einwanderer. Diese hätten ja zu gefährlicher Konkurrenz für schwedische Ärzte, Unternehmer, Anwälte oder andere Fachleute führen können.
Die Mosaischen Gemeinden in Stockholm, Göteborg und Malmö bildeten eine Sonderkommission, um jüdische Familien zu finden, wo die Kinder aufgenommen wurden. Dies erwies sich als schwierig und daher mussten viele Kinder bei nicht-jüdischen Familien, vor allem bei Christen in den Provinzen platziert werden. Diese wollten oft ihre

Schützlinge zum Christentum bekehren. Einige der älteren Kinder wurden als Mägde und Knechte ausgenutzt, die für ihren Lebensunterhalt arbeiteten, wie es hieß. Harry Schein, der später das schwedische Filminstitut gründete, war einer von diesen Knechten. Für einige Teenager-Jungen schaffte die Kommission ein besonderes Heim in Stockholm, wo sie zusammen leben und in die Schule gehen konnten.
Die Kindertransport-Kampagne wurde gleichzeitig in England durchgeführt; 10.000 jüdische Kinder wurden dort aufgenommen.
Ich hatte Glück, weil mein Onkel Gottfried Bermann-Fischer sich Ende Frühjahr 1938 mit seiner Familie in Stockholm etabliert hatte und er mich als Pflegekind aufnehmen konnte. Tante Tutti, Gottfrieds Frau, ordnete mit der Mosaischen Gemeinde in Stockholm, dass ich mit auf die Liste der 500 kam. Sie arrangierte das auch für vier Kinder von Freunden aus Wien. Zwei davon, die Brüder Vicky und Rudy Müller-Hoffmann, kamen in die Bonnier-Familie, während die beiden anderen ein Zuhause in zwei schwedisch-jüdischen Familien bekommen konnten.

DIE REISE NACH SCHWEDEN

Nachmittags, den 16. Januar 1939, verließ mein Kindertransport Berlin. Margot, die mich aus Chemnitz gebracht hatte, und Hilla, die in Berlin lebte, winkten mich am Zug ab. Wir waren vielleicht 25 Kinder im Alter zwischen acht und 16 Jahren. Zwei jüdische Leiter waren von Stockholm gekommen, um uns abzuholen. Es waren Inga Gottfarb, die später ein Buch schrieb über ihre Bemühungen für die jüdischen Überlebenden, die Schweden nach dem Krieg entgegennahm, und Hans Benzian, der in späteren Jahren auch ein guter Freund wurde.

Die Reise ging mit dem Zug nach Sassnitz, dann mit der Nachtfähre nach Trelleborg und weiter mit dem Zug nach Stockholm. In Sassnitz gab es eine gründliche Inspektion durch einen Zollbeamten, um zu verhindern, dass die Kinder Geld der Eltern schmuggelten. Ich hatte bei mir ein Paket Hansaplast, dessen Inhalt genau untersucht wurde. Innerhalb der Pflaster hätten ja Banknoten versteckt sein können. Wir kamen am Stockholmer Hauptbahnhof am Nachmittag an. Familie Bermann-Fischer, mit Tante Brigitte (Tutti) und meinen drei Kusinen, erwartete mich und brachte mich in ihr schönes Heim in der Askrikestrasse.

Bereits am zweiten Tag nach meiner Ankunft brachte mich Tutti zu der Whitlockska Schule, einer privaten Schule mit gemischten Klassen für Jungen und Mädchen, wo ich in Klasse 6 eingeschrieben wurde. Eine nette ältere Lehrerin gab mir Privatunterricht in Schwedisch. Ein Mitschüler, Per Gedin, der schwedisch und deutsch sprach, wurde mein Mentor. Nach ein paar Monaten war die Sprache kein Problem mehr. Für das Herbstsemester kam ich eine Klasse höher, weil ich in Deutschland die Schule im Alter von sechs Jahren begonnen hatte und weiter war als die anderen Kindern, die mit sieben begonnen hatten. Das war vielleicht nicht so geglückt, weil alle dann ein Jahr älter und daher größer waren als ich. Darüber hinaus gab es ein paar Nazi-infizierte Jungen in der Klasse, Sitzenbleiber aus einem staatlichen Gymnasium. Ich verteidigte mich gegen ihre Angriffe so gut ich konnte und schlug mir manchmal die Knöchel blutig. Die Sportlehrerin sah dies und griff ein. Ich hatte auch einen großen Jungen in der Klasse als Beschützer. Er schätzte es, dass ich ihm zeigen konnte, wie man einen Kristallempfänger baut, um Radio zu hören.

Die private Whitlockska Schule war, was wir heute als progressive Schule bezeichnen würden. So konnten sogar auch die Jungen nähen lernen. Mein erstes Werk war eine schwedische Flagge, blau und gelb, aber sie wurde etwas schief. Wir konnten darüber hinaus Tischlern und Buchbinden lernen, aber am nützlichsten war es, Kochen zu lernen und nach dem gemeinsamen Mahl das Geschirr abzuwaschen und die Schulküche sauber zu machen.

Tutti war ich ewig dankbar dafür, dass sie mich bald nach Ankunft in Schweden in den Sport-Palast bei S:t Eriksgatan schickte, um Schwimmen zu lernen. Jüdischen Kinder in Deutschland war es untersagt, in ein Schwimmbad zu gehen. Meine neuen Schwimmkenntnisse verschönerten den kommenden Sommer mit der Familie Bermann-Fischer auf Dalarö, wo sie ein Haus von der Familie Bonnier geliehen hatten, und vier Wochen mit den Eltern auf der Insel Kongelungen im Oslofjord. An beiden Plätzen war das Seewasser kristallklar und herrlich zum Schwimmen und Tauchen.

Kurz nach meiner Ankunft in Stockholm im Januar 1939 kam Großmutter (Oma) Elise Bermann aus Berlin, die den Umweg mit Flug über London genommen hatte, um dort ihren Sohn Robert zu besuchen. Sie würde jetzt in Stockholm in einer Wohnung mit zwei Zimmern und Mädchenzimmer bleiben, die Gottfried neben seiner eigenen Wohnung auf der Askrikegatan 15 gemietet hatte. Es wurde auch meine Heimat während der Kriegsjahre. Das Mädchenzimmer mietete eine jüdische Dame, die zur Miete beitrug, und auch für Oma eine Gesellschaft im selben Alter war.

Wenige Wochen nach Omas Ankunft kamen Tuttis Mutter Hedwig Fischer und Schwester Hilde Fischer nach Stockholm. Hedwig, Witwe von Samuel Fischer, hatte sich aufs längste geweigert, Berlin und ihr schönes großes Haus zu verlassen. Ihr Vermögen ist draufgegangen, um die nazistischen Forderungen und Ausreisesteuern zu zahlen. Die umfangreiche Bibliothek verschwand.

Für Hedwig wurde eine Dreizimmerwohnung auf der Furusundsgatan auf Gärdet und für Hilde eine kleine Einzimmerwohnung in unmittelbarer Nähe gemietet. Damals gab es in diesem neuen Stadtteil viele leere Wohnungen und die Mieten waren niedrig. Meine drei Kusinen und ich durften ab und zu auf Saft und Kuchen zu Großmutter Hedwig

kommen. Hedwig versuchte, wieder einen kulturellen Salon mit ausgewanderten deutschen Schriftstellern zu bilden, die in Stockholm lebten oder durchreisten.
Hilde traf sich mit Künstlern mit kontinentalem Hintergrund, die in Stockholm tätig waren, unter anderem bei der Oper. Aber dann wurde sie 1940 schwanger und gebar eine Tochter, Monica. Hilde wollte nicht den Namen des Vaters sagen. Erst ein Jahrzehnt später wurde er offenbar.
Bei der Familie Bermann-Fischer gab es ein intensives kulturelles Leben. Der große Dirigent Fritz Busch hatte bei der Stockholmer Oper Mozarts Cosi Fan Tutte zu leiten, während sein Sohn Hans Busch die Regie und das Bühnenbild nach der Vorlage von Glyndebourne Opera House in England übernahm. Fritz Busch mit Frau und Hans waren hier als nicht-jüdische Flüchtlinge aus Deutschland.
Hier wurde in Stockholm, wie früher in Berlin, klassische Musik Teil der Lebensluft der Bermann-Fischer Familie. Die Töchter, Gabriella, genannt Gaby, sogar gleichaltrig mit mir, Gisela, genannt Gisi, zwei Jahre jünger und Annette, vier Jahre jünger, gingen in die französische Schule. Der Sommer 1939 wurde wie bereits erwähnt auf Dalarö verbracht, wo hellgraue Granitfelsen aus dem kristallklaren glitzernden Wasser ragten.
Wie die Familie Bermann-Fischer überhaupt nach Stockholm kommen konnte, verdient ein eigenes Kapitel.

Gottfried konnte 1938 sein deutschsprachiges Verlagswesen, den Bermann-Fischer Förlag AB in Stockholm, mit Hilfe der Bonniers, dem größten schwedischen Verlag, wieder etablieren. Das war, nachdem sein erstes Asyl-Land, Österreich, 1938 an das Deutsche Reich angeschlossen wurde. Dorthin war er 1936 mit seinen in Nazideutschland unerwünschten oder verbotenen Schriftstellern gegangen, aber nun musste der Verlag wieder weg.

Gottfried lud mich bald nach meiner Ankunft zu einem netten Lunch ein. Ich denke, dass dies in Verbindung mit meinem 12. Geburtstag am 18. März 1939 war. Er nahm mich mit in das Restaurant Högloftet im Skansen. Skansen in Stockholm ist ein großer Park, ein spannendes Freilichtmuseum mit alten Gebäuden aus bäuerlichen Zeiten, einem Zoo, Restaurants und vielem mehr. Högloftet ist ein langes dunkelbraunes Holzhaus mit zwei Etagen und einem Restaurant im Obergeschoss. Ich war beeindruckt und erstaunt über einen sicherlich 25 Meter langen Buffetttisch, dem Smörgåsbord, etwas, das ich noch nie erlebt hatte. Nach Genuss von allen guten Aufschnitten und Salaten, so viel man nehmen wollte, konnte ich noch ein Hauptgericht meiner Wahl bestellen. Gottfried nutzte dann die Gelegenheit, mir ein wenig zu erzählen, wie er und seine Familie aus Wien nach dem Beitritt Österreichs zu Nazi-Deutschland floh. Sie konnten im letzten Moment den Nachtzug nach Rapallo, Italien, nehmen und von dort in die Schweiz weiterreisen.

Drei SS-Männer kamen am nächsten Morgen in die Wohnung in Wien, um ihn abzuholen. Das erfuhr er

vom Kindermädchen, das zufällig an diesem Tag noch dort war. Alles persönliche Eigentum und der Verlag mit seinem großen Buchlager gingen verloren.
Gottfried erzählte auch, wie er einen genialen Gedanken hatte und begann, an eine Niederlassung in Schweden zu denken. Die Schweiz gab zu einer Niederlassung keine Erlaubnis und Holland war aus anderen Gründen ausgeschlossen.

Gottfried mit Töchtern

Gottfried konnte Tor Bonnier und seine Frau, die zufällig in Genf waren, treffen. Er besuchte sie Ostersonntag am 17. April 1938, ohne sie vorher gekannt zu haben. Allerdings gab es schon langjährige Beziehungen zwischen den zwei Verlagen mit Austausch von Verfasser-Rechten. Gottfried sagt in seinem Buch, dass nach einem herzlichen Gespräch von nicht mehr als einer Stunde Tor Bonnier und er vereinbarten, einen Bermann-Fischer Förlag AB in Stockholm zu gründen, mit Bonniers als 51-Prozent-Eigentümer und Finanzier. Gottfrieds 49-Prozent-Anteil waren die Rechte für die Autoren, die er glücklicherweise in der Schweiz deponiert hatte.
Gottfried erzählt, wie Tutti zuerst ihre drei Mädchen in ein Internat auf der Isle Of Wight gebracht hatte, nicht wissend, wie ein Leben in Stockholm sich gestalten würde. Tutti und Gottfried wurden jedoch den 3. Mai 1938 auf das wärmste von der Familie Bonnier in Stockholm empfangen.
Innerhalb sehr kurzer Zeit war der neue schwedische Verlag in Gang. Das schnelle Starten schreibt Gottfried in seiner Biographie einem Herrn Walter Singer zu, der sich bei ihm meldete, nachdem er in der Zeitung gelesen hatte, dass der deutsche S. Fischer Verlag in Stockholm mit Hilfe der Bonniers öffnen sollte. Er bot sich an, alles zu ordnen, was für den Start nötig war in einem für Gottfried völlig unbekannten Stockholm. Innerhalb von zwei Tagen hatte Singer, mit großer journalistischer und administrativer Erfahrung, ein freies Büro in der Stadtmitte am Stureplan 19 und eine schwedisch- und deutschsprachige Sekretärin für Gottfried gefunden. Dieser konnte dann sofort das Geschäft starten und anfangen, eine Reihe von neuen Büchern, die nachgefragt waren, zu produzieren. Unter anderem war da das Buch

über Madame Curie, für das Gottfried kürzlich in einem neuen Vertrag mit der Tochter Eve Curie in allen Ländern außer Deutschland und Österreich die Rechte erworben hatte. Gottfried hatte dank einem Freund und Kollegen in Zürich 10.000 Exemplare mit dem neuen Namen des schwedischen Verlages drucken lassen. Das Buch wurde ein Bestseller und trug zu einem fliegenden Start des neuen Stockholm Verlages bei. Dann folgten Dunant – der Roman über das Rote Kreuz von Martin Gumpert und die Romane von Carl Zuckmayer und Thomas Mann. Nach und nach erweiterte sich das Programm mit den Ausgaben der alten bekannten und vielen neuen Autoren, darunter auch schwedische Verfasser in Übersetzung. Die Bücher konnten jetzt bei Bonnier gedruckt werden und das erste kam schon im Herbst 1938 heraus. Mit Hilfe von Bonniers und deren Beziehungen zu den schwedischen Behörden gelang es Gottfried, seinen alten Produktionsleiter vom Verlag in Wien, Dr. Justinian Frisch, aus einem Konzentrationslager in Österreich nach Schweden zu holen, wodurch der Verlag einen kompetenten Produktionsleiter bekam. Gottfried konnte auch seinen in Wien zurückgebliebenen Redakteur und Lektor Viktor Zuckerkandl nach Stockholm retten und stellte ihn im Verlag an. Singer und Frisch leiteten dann den Verlag in Stockholm während fast zehn Jahren. Sie und ihre Frauen wurden gute Freunde von Oma Elise und auch in späteren Jahren von mir und meiner Frau. Gottfried hat das Schicksal des Verlages und seiner Familie in zwei Memoiren[1)] beschrieben.

---

1 Gottfried Bermann-Fischer: Bedroht, bewahrt – der Weg eines Verlegers, S. Fischer Verlag, 1967
Gottfried Bermann-Fischer: Wanderer durch ein Jahrhundert, Fischer Taschenbuch Verlag, 1994

ATOMPHYSIK AUF BRAGEVÄGEN (DEM BRAGEWEG)

Gestatten Sie mir, einen Abweg von den Hauptthemen des Buches zu machen.
Herr und Frau Dr. Frisch hatten Oma und mich zum Kaffee eingeladen. Sie lebten auf dem Bragevägen, einer kurzen Straße im Nordosten von Stockholm. Die Unterhaltung führte zu einem für mich spannenden Thema, Nukleare Kernspaltung, über die in einem meiner Science-Fiction-Bücher spekuliert wurde. Frau Frischs Schwester war die Kernphysikerin Lise Meitner aus Wien, dann in Stockholm lebend, wo sie ein kleines Zimmer an der Königlichen Technischen Hochschule erhalten hatte. Sie hatte zusammen mit dem Nobelpreisträger Prof. Otto Hahn entdeckt, dass, wenn Uran mit langsamen Neutronen bestrahlt wird, eine atomare Kernspaltung entsteht. Als jüdischer Flüchtling wurde sie jedoch nicht am Nobelpreis beteiligt.
Justinian Frisch erwähnte auch, dass sein Sohn, der Physiker Otto Robert Frisch aus Wien, zur Universität in Cambridge in Großbritannien auswandern konnte. Otto Frisch bestätigt dort im Januar 1939 durch eigene Experimente Hahns und Meitners Ergebnisse. Sein Hintergrund und seine interessante Karriere kann man bei Wikipedia nachschlagen. Während des Krieges war er in den Vereinigten Staaten beim Atombombenprogramm in Los Alamos tätig.

Lise Meitner um 1946

DER EINGESTELLTE PEN-KONGRESS IM JAHRE 1939

In Verbindung mit dem PEN-Kongress, der am 1. September 1939 in Stockholm stattfinden sollte, kam Thomas Mann mit Frau Katia und anderen literarischen Persönlichkeiten zu einem großen Abendessen in die Villa auf Dalarö. Ich erinnere mich an deren gefeierte Ankunft am Pier von Dalarö an Bord eines großen Motorbootes aus poliertem Mahagoni. Das Boot gehörte Ivar Philipson und wurde auch von ihm gesteuert. Er war der Rechtsanwalt von Bonnier und wird einige Jahre später eine wichtige Rolle in meinem Leben spielen. Mit dem Haus voller Gäste mussten Oma und ich für zwei Tage über das Monatsende Ende August und September wieder in die Stadt, wo wir es gemütlich zusammen hatten.
Am 1. September begann Deutschland seinen Angriff auf Polen und es führte natürlich dazu, dass der PEN-Kongress eingestellt wurde. Im Bermann-Fischer-Förlag in Stockholm erschien Thomas Manns große Rede *Das Problem der Freiheit.* Gottfried versuchte dann, diese Rede per Post an Freunde und Antinazisten in Deutschland zu verbreiten. Dazu später.

Katia und Thomas Mann mit Tutti

Letztlich erhielten Fritz und Margot im Frühjahr 1939 das Visum zur Einreise nach Norwegen, weil Bruder Martin sich dort bereits hatte etablieren können. Um dieses Visum zu

Martin Cohn, 1936

bekommen, benötigte es jedoch finanzielle Garantien von drei Leuten. Norwegen wollte nicht von armen Einwanderern belastet werden. Martin, Gottfried in Stockholm und meine Tante Lotte mit ihrem Ehemann Norbert Kramer in Amsterdam stellten sich freiwillig auf. Kramers hatten sich die letzten drei Jahre in Holland etabliert. Ihre Tochter Gabriella Mautner erwähnt in ihrem Buch *The Good Place – Replica Books 2006* – dass Lotte ihren Blüthner-Flügel verkaufte, um am schnellsten die Garantiesumme nach Norwegen senden zu können.

Fritz schreibt den 19. März 1939 an seinen Bruder Martin in Norwegen:

> *Mein lieber Martin!*
> *Du kannst Dir nicht vorstellen, wie glücklich wir sind mit der Nachricht, dass uns der Aufenthalt in Norge bewilligt worden ist. Und alles ging so schnell.*
> *Das haben wir nur deiner Tatkraft zu verdanken und werden Dir deine Liebe nie vergessen. Vielen Dank.*
> *Ich soll zuerst abreisen, da Margot noch den Haushalt auflösen muss und nicht eher weg kann, bis Hanna abgereist ist. Ich fahre morgen zur Auswandererstelle nach Dresden, beantrage Dienstag Pass, spreche dann beim Finanzamt vor, um die Reichsfluchtsteuer zu zahlen etc. Es werden immerhin noch 6–8 Wochen bis zur Abreise vergehen. Ich bringe nur meine Kleidung, Wäsche und Sportausrüstung etc. mit und möchte ab Hamburg mit dem Schiff fahren. So schwer es mir auch fallen wird, die Meinen hier allein zu lassen, so richtig ist es doch. Du wirst wohl Deiner lieben Frau noch mitteilen, was wir mit unseren Möbeln, Flügel, Bücher etc. machen sollen, ob sie nach Oslo zu schicken sind / ganz oder teilweise*

/ oder im Freihafen einzulagern. Wir haben noch alle unsere Sachen.
Ich hoffe, dass es Dir gut geht und Du weiter die großzügige Gastfreundschaft Deiner Freunde genießen kannst. Josse und ihre Schwestern waren gestern unsere lieben Gäste und wir haben die gute Nachricht und Franzls Geburtstag gebührend gefeiert. Von ihm und Hilla haben wir sehr gute Nachrichten. Hilla fährt im April mit ihrer »Herrschaft« 4 Wochen an die See nach Bournemouth in ein Landhäuschen. Ich freue mich, dass es dem Jungen gut geht. Franzl will mich in Oslo empfangen.
Ich kann mir noch gar nicht vorstellen, dass wir in so herrlicher Gegend mit lieben Menschen leben werden, möge nur nichts dazwischen kommen. Sobald ich die Pässe habe, kann ich sie auch wohl brieflich der Berliner Gesandtschaft zur Visierung einsenden?
Also noch vielen Dank. Grüße all Lieben.
Sei gegrüßt.
Dein Fritz.

Margot schreibt an:

Mein lieber Martin, Es ist für mich gar nicht fassbar, was Du erreicht hast. Wir waren ja runter, dass wir alles erst in Ruhe begreifen müssen. Wie innig dankbar ich Dir bin, wirst Du ja selbst wissen und bedarf keiner Worte. – Fritz kommt bald und ich, sobald Hanna fort ist. Mit Josse und Gerda freuen wir uns sehr. In Liebe Deine Margot.

Nachdem Hanna mit Tana, dem Baby, abgereist war, konnte Margot packen und alles schicken, was sie für ein neues Leben brauchten, inklusive den Bechstein-Flügel, die

Nähmaschine und die notwendigsten Möbel, wie auch die Bilder. Für den Anfang wurde alles in Oslo gelagert, bis sie eine eigne Wohnung bekamen. Eine bedeutende deutsche Auswanderungssteuer musste für diese Ausfuhr von Eigentum zusammen mit der sogenannten Reichsfluchtsteuer bezahlt werden. Insgesamt beschlagnahmte der deutsche Staat 96 Prozent der Ersparnisse. Es blieben nur ein paar tausend norwegische Kronen zum Leben in dem neuen Land übrig. Fritz und Margot waren nun fast ausschließlich auf Beiträge von Martin, Gottfried und dem Schwager Norbert Kramer angewiesen.

MEIN SOMMER 1939

Im Sommer 1939, es war noch Frieden in Europa, durfte ich die Eltern in Norwegen besuchen. Martin hatte ein Haus auf der Insel Kongelungen im Oslo-Fjord gemietet, ein Sommerparadies, wo Fritz sich von seinen Erlebnissen erholen konnte und wo ich Mutti und Vati umarmen konnte, was ich sehr vermisst hatte. Weder Gottfried oder Tutti hatten mich umarmt, vielleicht dachten sie, dass ich dafür schon zu groß sei.

Ich kam im Juli 1939 mit dem Zug nach Oslo. Gottfried hatte mich großzügig auf diese Reise eingeladen, so dass ich meine Eltern wiedersehen konnte. Vati Fritz wartete am Bahnhof. Große Umarmung und Tränen bei uns beiden. Wir hatten uns fast ein Jahr nicht gesehen. Er nahm mich mit zum nahe gelegenen Hafen, wo ein Fischerboot auf uns wartete. Der Fischer hatte den Fang des Tages verkauft und wollte jetzt zurück in seinen Heimathafen, der sich nahe der Insel befand, wo wir hin wollten. Er konnte uns für ein billiges Geldes dahin bringen. Diese Bootsfahrt mit meinem geliebten Vati war für mich eine herrliche Erfahrung. Ein Plus dazu war die Portion frisch gekochter Garnelen aus eigenem Fang des Fischers, die Vater kaufte. Oft hatte er ja in Chemnitz Nordsee-Garnelen als Überraschung nach Haus gebracht.

Die Kongelungen-Insel im Oslofjord war durch eine Brücke über einen schmalen Kanal mit dem Festland verbunden. Die Villa lag frei oberhalb des Kanales und hatte unterhalb einen kleinen Strand am Wasser mit einem Bootshaus, wo wir schwimmen und Fisch angeln konnten.

Es fühlte sich wunderbar an, endlich mit Mutti und Vati zusammen zu sein und sie zu umarmen, und auch Onkel

Martin und liebenswerte Josse im selben Haus zu wissen.
Vati und ich sind oft hinaus auf den Fjord gerudert und haben Wittling auf 40 Meter Tiefe, Makrele auf zehn Meter und andere Fische gefischt. Die bissen auf unsere Haken mit Ködern aus Muscheln und kleinen Fischen an.
Wir versorgten den Haushalt mit Fisch und hatten manchmal so viel, dass wir einige an das ältere Postfräulein, das in der Nähe lebte, verschenkten.
Am Anfang unserer Ausflüge erzählte Vati über den Schrecken, den er im KZ Buchenwald erlebt hatte. Er wurde brutal geschlagen, als er einem behinderten Freund aus dem LKW helfen wollte. Der Freund, Erich Wangenheim, hatte ein Bein im Ersten Weltkrieg verloren.

Gegen Ende des Sommers kehrte ich nach Schweden zurück und Martin und Josse zogen in ihre eigene Villa in Hövik in der Nähe von Oslo. Fritz und Margot zogen in die Pension Nordgaard in Asker, während sie eine Wohnung suchten. Sie fingen an Norwegisch zu lernen im Umgang mit anderen Gästen in der Pension. Der Winter kam früh in dem neuen Jahr und daher konnten Fritz und Margot auf ihren Skiern auf lange Touren fahren. Fritz, um etwas zu tun, hatte sich verpflichtet, die Post für das Hotel und seine Gäste zu holen, aber ich vermute, dass die meisten Briefe von Fritz und Margots eigener Familie aus England, Argentinien und Schweden kamen.
Diese neuen Ausländer von mittlerem Alter, die auf Skiern im Langlauf fuhren, als wären sie Eingeborene, wurden bald im Dorf bekannt.
In einem Brief vom 24. Januar 1940 gratuliert Fritz Hilla und Rolf zu ihrer Verlobung und dafür, dass sie schon Arbeit hatten, von der sie leben konnten. Hier ein Auszug aus dem langen Brief.

> *Es ist ein schmerzhafter Gedanke für mich als Vater, hierzu gar nichts beitragen zu können, obwohl ich in Deutschland die ganze Zeit für meine Kinder gespart hatte. Aber wir und Deine Eltern, lieber Rolf, haben Euch eine gute Ausbildung gegeben in realer und idealer Beziehung und ich sehe an mir selbst am besten, dass man auch als Bettler glückliche Stunden hat, wenn man in der Lage ist, sich geistig zu beschäftigen, aufnahmefähig bleibt für die Schönheiten der Natur und des Geistes. Wenn auch jetzt für Euch das Geldver-*

dienen den Vortritt vor allem anderen hat, so bewahrt Euch Euren Sinn für das Schöne.

In dem Brief nimmt Fritz auch auf, dass das norwegische Visum im November abläuft, und sie möglicherweise ein Visum in die Vereinigten Staaten bekommen könnten. Er schreibt, dass Gottfried Schweden aufgrund der bedrohlichen Situation in Europa verlassen möchte. Fritz teilt jedoch nicht Gottfrieds Pessimismus.
Aus seinem Brief ergibt sich, dass er sehr über das Schicksal seiner Schwester Marianne besorgt ist. Sie ist in Deutschland verblieben und ist notleidend. Fritz schreibt, dass Josse nach Oslo gefahren ist, um die Erlaubnis zur Einreise von Marianne (Janne) nach Norwegen nachzusuchen. Sie könnte in ihrer Villa wohnen, bis das Visum für die USA kommt. Leider gab es keine Antwort von den Behörden, da Norwegen anfing, viele finnische Flüchtlinge aufzunehmen und Janne ein Visum für eine spätere Weiterreise fehlte.
Gottfried plante, nach England zu gehen, was aber kurz danach nicht mehr möglich war, obwohl die Familie britische Visa erhalten hatte. Jetzt gelten für sie nur die Vereinigten Staaten. Der Weg über den Atlantik wird jedoch bald geschlossen sein ...
In einem Brief, datiert vom 19. Februar 1940, schreibt Fritz erst über Neues von den Töchtern und Geschwistern und dann über sein und Margots Leben in Asker:

Gestern waren wir von 4 bis 10 Uhr in einer reizenden Familie, die hier eine nette Villa bewohnt. Wir waren nur mit der engsten Familie zusammen. Der Großpapa, ein früherer Ministerialrat von 70 Jahren, erzählte sehr packend von seinen Reisen nach Nordnorwegen, die ihn hinauf bis Kirkenes geführt haben. Margot spielte Grieg,

Beethoven und Chopin auf einem verstimmten Klavier – es scheint nur solche hier zu geben –, ich gab »Erinnerungen« zum Besten. Die Unterhaltung auf Norwegisch klappte sehr gut und Essen, Bier und die geliebte Zigarre schmeckten famos. Wir fühlen uns in diesen gebildeten, dabei einfachen Kreisen sehr wohl, ihr Christentum ist echt und sie sehen in uns nur die anständigen Menschen, denen sie seelisch helfen wollen. Wir sind hier die einzigen Juden und deutschen Emigranten und natürlich schon bekannt wie bunte Hunde.

Während der Osterferien, die auf den März 1940 fielen, spendete Gottfried seiner Mutter Elise, d.h. meiner Großmutter, und mir eine Reise nach Norwegen, um Fritz und Margot in Asker wiederzusehen. Margot schreibt an Hilla unter anderem, dass trotz dem großen Appetit von Franzl der Wirt einen sehr anständiger Zusatzpreis für unsere Gäste berechnete.
Die Woche mit den Eltern verbrachten wir mit langen Spaziergängen in der schneefreien schönen Landschaft, wo Vati seine fröhliche Seite zeigte und gerne Witze erzählte, die oft ein wenig äquivok waren. Man musizierte, spielte Rommé und Brücke und selbst habe ich versucht, das alte Radio des Gästehauses auf London mit den letzten schrecklichen Kriegsnachrichten einzustellen. Am Bahnhof von Asker wurde ich mit dem Sohn des Stationsvorstehers, Knut Wigen, bekannt. Wir freundeten uns an, und fanden, dass wir gemeinsame technische Interessen hatten und ich sah ihn fast alle Tage, die ich dort war. Wir fingen an, einander zu schreiben, als ich zurück in Stockholm war. Knut hat später Fritz und Margot besucht und kam als Erwachsener zu Besuch nach Stockholm. Er wurde auch ein Ingenieur, wie ich. Später verloren wir leider den Kontakt zueinander.

NORWEGEN BESETZT

Etwa zwei Wochen nach Großmutters und meiner Rückkehr nach Stockholm wurden Norwegen und Dänemark von deutschen Truppen überfallen.
Den 9. April 1940 wurde Norwegen besetzt. Es bedeutete für meinen Teil, dass es für mich unmöglich wurde, Mutti und Vati zu besuchen. Da die Post von und nach dem neutralen Schweden funktionierte, obwohl wegen der deutschen Zensur etwas langsamer, konnte der Kontakt mit den Eltern aufrecht erhalten werden. Nur konnten jetzt Fritz und Margot keine Briefe aus London erhalten, und nur selten Post aus Argentinien. Nachrichten von Hilla, Hanna und anderen Verwandten wurden von Oma in Stockholm weiterbefördert.

Irgendwann im Frühjahr 1940 zogen Fritz und Margot in ihre eigene Wohnung im Obergeschoss eines älteren Hauses neben der Pension in Asker. Die Besitzer des Hauses, die im Erdgeschoss lebten, waren Birger und Anna Borgersen. Jetzt konnten Fritz und Margot ihre Möbel, Bücher, Nähmaschine und Flügel aus dem Freihafen in Oslo kommen lassen und wieder ein normales Lebens beginnen. Ihre Briefe an Hilla und Oma zwischen April 1940 und Januar 1941 gingen leider verloren. Für die Zeit danach und bis November 1942 sind ihre Briefe und Postkarten, die mindestens einmal wöchentlich kamen, erhalten. In der Folge werden Auszüge aus dieser Korrespondenz wiedergegeben, die ihr neues Leben als Immigranten in einem fremden Land beleuchten.
Der Alltag in den Provinzen in Norwegen scheint noch nicht direkt von der deutschen Besatzung betroffen zu sein. In jedem Fall schreiben sie nichts über diese. Auch haben sie keinen Kontakt mit der jüdischen Gemeinde in Oslo.
In der Zwischenzeit passiert jedoch viel in Europa, das auch Margot und Fritz betrifft. Am Morgen des 10. Mai 1940 überschritten deutsche Truppen die Grenzen von Holland, Belgien und Luxemburg. Von dort drangen sie in Frankreich ein. Lotte (Fritz Schwester) und ihr Mann Norbert Kramer hatten es wenige Jahre zuvor geschafft, sich in Holland zu etablieren und musste nun Hals über Kopf fliehen. Sie gingen zuerst nach Belgien, aber die Deutschen kamen nach. Sie machten dann eine Odyssee-ähnliche Reise durch Vichy-Frankreich in die Schweiz. Norbert hatte dort ein wenig Kapital gespart und konnte daher weiterhin Margot und Fritz finanziell unterstützen. Nach dem Krieg mussten sie die Schweiz verlassen und emigrierten in die USA.

Nach der deutschen Invasion von Dänemark und Norwegen war Gottfried überzeugt, dass er mit der Familie sofort Schweden verlassen muss, da eine Invasion bevorstand. Das Visum für England, das sie in ihren deutschen Pässen erhalten hatten, konnte nicht anders verwendet werden, als ein Mittel, um ein US-Besuchsvisum zu erhalten. Der Weg nach England war geschlossen. Danach war es der Plan, in die Vereinigten Staaten zu reisen, via den einzig möglichen Weg, der nach der deutschen Invasion von Frankreich offen stand, nämlich über die Sowjetunion und Japan nach San Francisco.

Aber gerade, als die Familie abends am 19. April 1940 mit gepackten Taschen da saß, um drei Tage später zu reisen, kam die schwedische Polizei und nahm Gottfried in Haft. Er wurde in die Polizeihaft auf Kungsholmen in eine nackte Zelle gebracht, wo sonst Betrunkene ausschlafen mussten. Es stellte sich heraus, dass seine Kontakte mit dem Beamten Alfred Rickman an der englischen Botschaft die Ursache war. Dieser wurde als Saboteur enttarnt. Er hatte völlig amateurhaft 53 Kilogramm Sprengstoff und Zündkapseln etc. in seiner Wohnung aufbewahrt und sollte im Falle einer deutschen Invasion den Hafen von Oxelösund sprengen, um zu verhindern, dass Nazideutschland das schwedische Eisenerz bekommt.[1)]

Gottfried blieb in Haft, bekam schließlich eine bessere Zelle und bewachten Tagesurlaub, bis das Rechtsverfahren gegen Rickman abgeschlossen wurde.

---

1 MI6-die Geschichte des geheimen Nachrichtendienstes 1909–1949. Bloomsbury 2010. Seiten 376–377.

Nach zweieinhalb Monaten, am 22. Juni 1940 konnte die Bermann-Fischer Familie schließlich ihre lange Reise in die Vereinigten Staaten beginnen. Sie wurden offiziell von Schweden ausgewiesen und mit Polizei-Eskorte zum Flughafen Stockholm-Bromma geführt!
Wenige Wochen später folgten ihnen Hedwig und Hilde Fischer mit ihrem Baby in die Vereinigten Staaten. Danach war diese Route geschlossen. Oma Elise und ich verblieben auf der Askrikestrasse 15.
Die 20 Schweden, die wegen mutmaßlicher Kontakte mit Rickman verhaftet waren, wurden nach drei Tagen frei gelassen. Nur Gottfried als Ausländer wurde zurückgehalten, ohne Anklage.
Wie war Gottfried in die Rickman-Affäre geraten? Er spricht ausführlich über dieses in seiner Biografie, aber ich gebe hier nur eine kurze Zusammenfassung.
Rickman hatte von Gottfried gehört, dass er Thomas Manns Schriften und anderes Material an deutsche Freunde und über die Kundenliste des S. Fischer Verlages senden wollte. Man hatte über 20.000 Namen. Rickman wollte dabei anknüpfen und eigenes antinazistisches Material beifügen. Es sollte in frankierten Umschlägen durch schwedische Seeleute in Briefkästen der Deutschen Post in Bremen und Hamburg gelegt werden.
Ein neuer Mitarbeiter des Verlages wurde von einem deutschen Doppelagenten verlockt, alle zu nennen, von denen er glaubte, dass sie Kontakt mit Rickman hatten. Diese Informationen wurden geschickt der schwedischen Polizei übergeben, wie es Gottfried in seinem Buch beschreibt.
Nun zurück zu Fritz und Margot in Norwegen im Herbst 1940.

Aus den erhaltenen Briefen ergeben sich einige Einzelheiten des neuen Heimes. Für den Winter musste Fritz sicherstellen, dass sie genug Feuerholz haben, um die Wohnung zu heizen und kochen zu können. Er ist gar nicht abgeneigt, mit Säge und Axt zu arbeiten. Von einem Nachbarn bekommt er gefällte Bäume für Brennholz. Er darf außerdem einen Teil des Gartens des Wirtes benutzen, wo er anfangen kann, Gemüse und Kartoffeln anzubauen.
Während der warmen Jahreszeit können Fritz und Margot im Hof eine Dusche nehmen, aber den Rest des Jahres gehen sie jede Woche in die Badeanstalt in Asker. Erst für den Winter 1942 lassen Borgersens doppelt verglaste Fenster installieren, die nicht vereisen und den kalten Zug vermindern.

Margot schreibt an Elise Bermann in Stockholm am 24. Januar 1941:

Meine geliebte Mutti,
Heute kam Dein lieber Brief vom 18.1. gleichzeitig mit dem Geld. Hab innigsten Dank dafür, wir werden es nutzbringend anlegen. Es ist aber nicht notwendig, dass Du uns Geld sendest. Du brauchst es selbst und gestern haben wir von Norbert (Kramer, Schwager z.Z. in der Schweiz lebend) wieder eine größere Rate erhalten. So kommen wir ganz gut durch, besonders, da ich diese Woche wieder ein Kleid und einen Mantel zu arbeiten hatte, die beide sehr schön ausgefallen sind.
Ich hoffe, es geht auch weiter. Ich will jetzt auch das Ansetzen von Wollstrümpfen beginnen, da ich ja die Maschine dafür habe. –
Ich bin sehr erfreut, dass Gottfried (Bermann-Fischer) sich um Visen bemüht, wenn auch nur vorsorglich, da man wohl kaum eine Reisemöglichkeit hat. Franzl ist übrigens mit uns beim amerikanischen Konsulat an Hillas Stelle eingetragen und es wäre nur notwendig, dass Herr van Loon daraufhin im Affidavit (der Garantie für das Visum) die Eintragung ändert und es absendet, damit wir es haben, wenn der Aufruf erfolgt.
An Herrn Danziger erinnere ich mich sehr gut, auch an seine Schwester Lotte Juliusburger. Thea Staub ist tüchtig. Schrieb Kochmann auch über Bertel? Von Tante Metas Franz habe ich Dir schon geschrieben, dass er vorläufig nicht reisen kann. Von uns ist sonst nicht viel zu erzählen. Fritz hatte viel im Haushalt und auch anderes

zu tun und ich habe genäht. Es war furchtbar kalt, heute war es endlich etwas milder. Grüße Fischers.
Dir innigste Küsse von Deiner Margot.

Den 9. Februar kommt der nächste Brief; sie haben einen Brief von Hanna in Argentinien erhalten, die über ihre medizinischen Probleme schrieb, mit einer schwierigen Infektion des Peritoneum, die zu überwinden vier Wochen dauerte. Aber erfreulich war, als Fritz schreibt:

Margot hat jetzt wieder Zeit, Klavier zu spielen, und ich spiele selbst mit einem kleinen Orchester.

Margot selbst ergänzt, dass es nun milder geworden ist und dass sie Ski fahren können und sie Näharbeit hat, während Fritz sich um den Haushalt kümmert. Nach vier kurzen Karten folgt ein längerer Brief vom 26. April 1941, Hön-Asker, Norwegen:

Mein liebstes Muttel, mein geliebtes Franzl,
Habt vielen Dank für Euren neuesten lieben Brief und Karte. Inzwischen habt ihr doch sicher unsere Briefe und Karten erhalten, die durch die Feiertage wieder Verzögerung hatten.
Franzls Papiere sind wohl auch in Eurem Besitz.
Die Feiertage habt Ihr so wie wir durchlebt, man ist froh, wenn sie vorbei sind. Wir wollen jetzt versuchen, ob es möglich ist, dass wir Euch besuchen. Vorläufig ist das noch ein Wunschtraum von mir, aber man kann nicht mehr als ein Nein bei einer Anfrage haben.
Sonst verlaufen unsere Tage sehr gleichmäßig. Ich bin sehr beschäftigt, laufend kommen neue Aufträge und alle sind zufrieden und kommen wieder. Um 9 Uhr morgens fange ich an und abends gegen ½ 8 höre ich auf. Da bekomme

ich eine ganze Menge fertig. Vati besorgt die Wirtschaft glänzend, kauft ein und kocht. Aufräumen, aufwaschen und Wäsche besorge ich. Während der fünf Feiertage habe ich Groß reinegemacht, nun brauche ich nur die Winterkleidung einmotten. Ich bin froh, dass ich so beschäftigt bin, da gehen die Tage schnell vorbei, es bleibt keine Zeit zum Nachdenken.
Oft arbeite ich auf unserem Balkon in der herrlichen Sonne und dem schönen Blick auf den Fjord und die Berge, eine dauernde Sommerfrische. Ich freue mich, dass Bie (Bie ist die Schwägerin von Roberts Ehefrau) geschrieben hat und sie auch mit Hilla zusammen kommt. Hoffentlich geht es allen weiter gut. Gottfrieds scheinen es ja gar nicht so einfach zu haben, wenn sie solch große Reisen machen müssen. Hoffentlich hat es den gewünschten Erfolg und sie kommen endlich zur Ruhe. Sind Tochter und Mutter F. (Fischer) schon am Ziel angelangt? – Vati wird von seiner Gartenarbeit selbst berichten, er ist mit Feuereifer dabei, hat auf meinen Nähtisch Zigarrenkisten und Blumentöpfe als Frühbeete eingerichtet. Ich schwelge schon in den zu erwartenden Gemüsegenüssen. Nun lebt wohl meine Lieben, seid innig geküsst von Eurer Mutti.

Im selben Brief schreibt Fritz unter anderem, dass er nun etwa 250 Quadratmeter Garten umgegraben hat und dafür 50 Kilogramm Kunstdüngemittel zu verbreiten erhielt. Aber vor Mitte Mai ist es unmöglich, etwas zu säen.

Wahrscheinlich werde ich Kartoffeln setzen. Der Garten liegt gegen Süden und die Erde ist fruchtbar. Martin spielt mit der Idee, Hühner zu halten. Sie waren Mittwochnachmittag bei uns und waren begeistert, auf unserem großen Balkon sich sonnen zu können.

Der nächste Brief ist mit dem 1. Mai datiert, und dies sind wesentliche Auszüge von dem, was Fritz schreibt:

> *Im Hinblick auf einen möglichen Besuch bei Euch war ich gestern in Oslo. Es ist kaum möglich, die Erlaubnis zu erhalten. Also werden wir uns keine Hoffnung machen. (Er will nicht sagen, bei welcher Behörde er gewesen ist). Wir beabsichtigten 8–10 Tage zu bleiben oder wolltest Du liebe Mutter, uns nur für 2–3 Tage haben?*
> *Aber ein Affidavit für die Vereinigten Staaten ist auch keine Lösung. Die Reise muss bezahlt werden und auch der Aufenthalt, bis wir Arbeit und Einkommen haben. Hanna hatte Briefwechsel mit Gottfried und sie diskutierten Pläne für uns, um via USA oder direkt nach Argentinien zu reisen. Aber weil Hanna noch nicht ihren Wohnsitz legalisiert hat, kann sie noch kein Gesuch für uns bei ihren Behörden einreichen. Wir nehmen alles mit der Ruhe und sind überzeugt, dass wir nicht vor Ende des Krieges von hier wegkommen.*
> *Wir fühlen uns gut, Margot hat Hochsaison in ihrem Näh-Atelier, die sie ausnutzt, da dann ruhigere Zeiten folgen können. Ich betreue Küche und Keller und stell' sicher, dass wir Nahrung haben. Martin fühlt sich sehr gut, letzten Sonntag waren wir bei ihnen und spielten Klaviertrios von Beethoven. So weit wäre alles recht gut und schön, gäbe es nicht diese Ungewissheit und die furchtbar große Sehnsucht nach unseren Lieben! Danke, liebe Mutter für 10 Kronen, die du geschickt hast, so große Kosten habe ich nicht gehabt (Stiefel per Post an Franz).*

Oma und ich haben Fritz zu seinem Geburtstag gratulierte. Er wurde 56. Ich erwähnte meine anständigen Schulzeugnis-

se, was von den Eltern geschätzt wurde, und dass ich versuche, in der Nähe von der Tiergartenbrücke (Djurgårdsbron) zu fischen, aber bekam nur Plötzen. Fritz gibt in einem Brief vom 25. Juni 1941 über mehrere Zeilen Ratschläge, was man für Köder für verschiedene Arten von Fisch verwendet. Dann erzählt er uns von seinen Anpflanzungen und dem schönen Frühsommerwetter und dass Martin und Josse zum Geburtstagessen kommen.
Margot fügt hinzu, dass sie jetzt Strandkleidung aller Art für ihre Kunden näht und auch schon Bestellungen von Kostümen für Herbst und Winter liegen hat. Mein Schlusssatz ist, dass sie nun völlig von Margots Einkommen aus ihrer Arbeit leben können.
Am interessantesten ist jedoch, dass sie bereits wissen, dass Gottfried und seine Familie Schweden verlassen haben und auf Umwegen nach den Vereinigten Staaten unterwegs sind. Durchweg drückt man sich sorgfältig im Hinblick auf die Zensur aus. Margot fragt jetzt, was Mutter Elise beschlossen hat, zu machen, aber sagt, dass sie nicht beraten kann, weil sie nicht in der Lage ist, die Situation aus der Ferne zu beurteilen.
Am 1. Juli schreibt Fritz, dass Martin und Josse bei ihnen zu einem verspäteten Geburtstagsessen waren und dass Martin Aquavit und Tabak mitbrachte (die knapp geworden sind) sowie Blumen.

Wir servierten Rindsbraten mit eigenem Spinat, Kompott, Kaffee und Gebäck. Am Abend saßen wir im Schatten des Gartens und gegen neun kam unsere Sängerin mit einem Kunden, weswegen Margot gehen musste, um Maß zu nehmen. Sie blieben dann und wir waren alle ein paar Stunden gemütlich zusammen.

Er schreibt am 27. Juli 1941:

> *Mein Gemüseanbau ist ein großer Erfolg. Alles wächst so schnell und reichlich, dass es schwer ist, alles aufzuessen. Ich werde morgen noch einmal Spinat ernten, den ich vor drei Wochen gesät habe. Blumenkohl ist sehr schön und relativ groß und kleine Pfeffergurken habe ich bereits eingelegt. Erbsen, Karotten und Kohl werden wechselweise Mittagsspeisen. Dill und Petersilie werden getrocknet und aufgehoben. Schnittlauch wird auf Sandwich gegessen und so sparen wir Geld und haben billiges, frisches und frühes Gemüse, das auf dem Markt teuer ist. Falls wir umziehen sollten, darf ich natürlich weiterhin ernten: Grünkohl, Weißkohl, Tomaten, Gurken, Kürbis, Rüben, Kohlrabi, etc., und Kartoffeln. Ich habe viel über Landwirtschaft gelernt und hoffe, dass wir auch in Zukunft einen kleinen Garten haben können.*

Ich hole jetzt im Voraus eine Notiz von Fritz aus einer Postkarte vom späten Sommer des folgenden Jahres:

> *Wir haben insgesamt 800 Kilo eigene Kartoffeln und 25 Kilo Möhren geerntet, die jetzt im Keller gelagert werden.*

Margot hat hinzugefügt, dass dies in der heutigen Zeit benötigt wird und dass sie auch genügend Brennholz lagern müssen. Den 4. Oktober 1942 schreibt Fritz, dass er den selbst angebauten Tabak bereitet, der nach 4 Wochen pressen und trocknen nun für 4–6 Wochen fermentiert. So weit mein Vater, der Rechtsanwalt, in seiner Karriere als

Landwirt in der Krisenzeit in Norwegen. Aber da Margot zehn Stunden pro Tag mit den von Dorfbewohnern bestellten Kleidungsstücken arbeitet, muss Fritz auch Koch und Bäcker werden.

Margot und Fritz zufrieden in Asker, 1941

FRITZ ALS KOCH

Zurück bis Juli 1941. Da schreibt Fritz, dass er, um etwas ihren norwegischen Freunden mitbringen zu können, wenn er und Margot zum Abendessen eingeladen werden, einen Bienenstich gebacken hat, der aus Sirup hergestellt ausgezeichnet schmeckt. Er hat auch ein gutes Erdbeer-Parfait zu geringeren Kosten durch die Einbeziehung von Rhabarber gemacht. Fritz erzählt den 16. November stolz von einer Mahlzeit, die er gekocht hat, mit Erbsensuppe, Beefsteak mit Kohl und Pudding aus Reismehl. Nach dem Mittagsschläfchen kamen Bekannte zum Bridge. Aber er enthüllt seiner Schwiegermutter Elise in Stockholm, dass seine Kartoffelklöße zu lange kochten und deswegen zu weich wurden. Weitere gute Mahlzeiten wurden in den folgenden Postkarten beschrieben, jedoch bleibt das Hauptthema natürlich immer das Ergehen der Familien in der Ferne.

FRITZ UND MARGOT SIND AM MUSIKLEBEN BETEILIGT

Fritz und Margot haben auch Zeit, sich aktiv am Musikleben in Asker zu beteiligen. Das Orchester, in dem Fritz Geige spielt, übt jetzt Schuberts unvollendete Symphonie. Den 10. September schreibt Margot, dass sie einen Musikabend wiederholt haben mit vollem Haus und großem Beifall. Da die Briefe für den Zeitraum April bis August fehlen, weiß ich nicht, was sie gespielt haben. Aber am 4. Oktober schreibt Margot, dass sie bei einer Aufführung der schönsten Arien und Chöre aus Verdis Oper La Traviata vor einem geladenen Publikum im Hotel die Sänger auf dem Klavier begleitete. Als Dank bekam sie einen schönen Strauß Nelken.

Am 25. November 1942 kam eine Karte von Margot und Fritz, datiert und postgestempelt 21. November. Hier Wort für Wort:

ASKER 21.11.42 postgestempelt 14–19
Meine liebe Mutter,
Wir halten es für richtig, wenn du um Einreisebewilligung und vorübergehende Aufenthaltsbewilligung für uns dort nachsuchen würdest. Näheres können wir nach positivem Bescheid erst besprechen, da wir hier auch erst eine Ausreiseerlaubnis bekommen müssen. Von uns ist sonst nichts Neues zu berichten es geht uns soweit gut, ich habe viel zu tun und muss fleißig sein, um zu Weihnachten alles abliefern zu können.
Es wäre so schön, wenn wir uns wiedersehen könnten, möchte es nur auch mal werden. Nun haben wir uns ja bald 3 Jahre nicht gesehen.
Was machst du mein geliebter Junge? Bekommst du zu Weihnachten Zensuren.
Heute Abend kommen Bekannte zum Bridge zu uns.
Schreib bald und seid geküsst von eurer Margot.

Meine Lieben,
wir haben mit gutem Appetit grüne Bohnen und Matjesheringe vertilgt und ich sende euch meine herzlichen Grüße. Es ist sonst nichts zu berichten, kaltes windiges Wetter und große Sehnsucht nach Euch, der wir gern durch eine Reise zu Euch abhelfen würden.
Innige Grüße und Küsse Euer Fritz.

Hier die Karte in Originalabbildung:

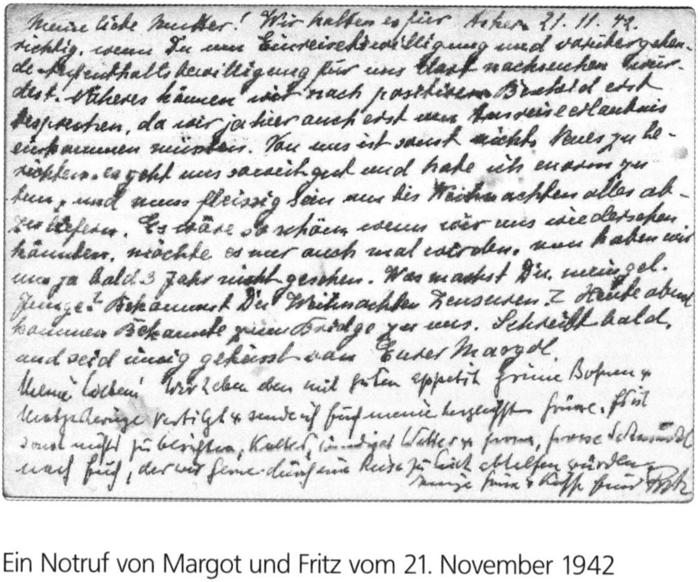
Meine liebe Mutter! Wir halten es für Asker 21. 11. 42.
richtig, wenn Du um Einreisebewilligung und dauernde Aufenthaltsbewilligung für uns [illegible] nachsuchen würdest. Näheres können wir nach positivem Bescheid erst besprechen, da wir ja hier auch erst um Ausreiseerlaubnis einkommen müssten. Von uns ist sonst nichts Neues zu berichten. es geht uns soweit gut und habe ich enorm zu tun, und muss fleissig sein um bis Weihnachten alles abzuliefern. Es wäre so schön wenn wir uns wiedersehen könnten. möchte es nur auch mal erleben. nun haben wir uns ja bald 3 Jahr nicht gesehen. Was machst Du. mein gel. Junge? Bekommst Du Weihnachten Zensuren? Heute abend kommen Bekannte zum Bridge zu uns. Schreibt bald, und seid innig geküsst von Eurer Margot.
Meine Lieben! [illegible]

Ein Notruf von Margot und Fritz vom 21. November 1942

Diese Karte mit Margots Bitte um ein schwedisches Einreisevisum veranlassen Großmutter und mich, schnell zu reagieren. Ich nahm mir von der Technischen Schule frei und suchte Dr. Wilhelm Michaeli bei der Flüchtlingsabteilung der Mosaischen Gemeinde auf. Er war ein freundlicher Herr, der mir mit warmem Interesse zuhörte. Leider, sagt er, geben die schwedischen Behörden keine Bewilligung für Juden. Wir sind ständig bemüht, aber es geht nicht.
Den gleichen regnerischen Nachmittag gehen Oma und ich zu einem Rechtsanwalt Tarschys auf der Kungsgatan (Königsstrasse). Es war der Vorschlag von Omas Kusine Rosa Tarschys, dass er vielleicht norwegische Juden nach Schweden bringen könnte. Nun, er hatte einige Kontakte mit der norwegischen Widerstandsbewegung und er würde untersuchen, ob sie Fritz und Margot Cohn in Asker holen und nach Schweden bringen könnten. Wir wussten nicht, dass es bereits zu spät war. Zwei Tage später wurde am 26. November 1942 die Deportation durchgeführt.
Noch eine kurze Karte datiert 24. November kam von Fritz und Margot. Dann kam nichts mehr.
Hier ist die letzte Karte:

Asker 24.11.42. postgestempelt 7–14
Meine Lieben,
Über eure heutigen Karte vom 17.11. haben wir uns sehr gefreut. Es ist fein, dass du, liebe Mutter, so nette Geselligkeit pflegen kannst und dass du, lieber Junge, in der Schule so gut mitkommst. Wir sind auch mobil und haben es gut und ihr braucht euch wegen unserer letzten Karte nicht sorgen. In die Zukunft kann keiner schauen und alles ist Glückschicksal. Sonntag haben wir den ganzen Nachmittag musiziert, Duette für 2 Violinen, etc. Sonst ruht der Verkehr fast ganz und wird wohl erst zu Weihnachten wieder

etwas aufleben. Sonntag werden wir bei Martin sein. Von Marianne (in Berlin) haben wir schon einen Monat nichts gehört und sind sehr bekümmert. Sobald euch die Mädchen schreiben, gebt uns ausführlichen Bericht. Du, mein Junge, kannst doch Mutter etwas Schreibarbeit abnehmen.
Margot hat weiterhin sehr viel zu tun, während ich nachmittags viel freie Zeit habe. Halb vier ist es meistens schon dunkel und da macht auch der Spaziergang weniger Spaß. So lese und schreibe ich und denke an alle meine Lieben und hoffentlich an eine schöne Zukunft. Seid mir gegrüßt und geküsst von Eurem Vati.
Meine Lieben,
Es ist uns bald lieber, öfter eine Karte zu haben als einen Brief, der so lange geht. Uns geht es soweit gut. Ich finde es nur besser, unter den jetzigen Verhältnissen, wenn möglich, vorzusorgen. Es ist sicher besser, wenn ihr Euch auch mit Kartoffeln versehen habt. Unsere Erzeugnisse schmecken großartig. Vati bäckt einen ausgezeichneten Kartoffelkuchen, wie vom richtigen Bäcker. Sonst nähe ich von früh bis abends und probe dazwischen. So etwa 20 Stück gehen jeden Monat raus. Bäckst Du jetzt Brot selbst, liebe Mutter? Da wird wohl mein Fresser Franzl besser satt?
Wir haben jetzt Doppelfenster in die Wohnung bekommen, das hält doch bedeutend wärmer und die Fenster frieren nicht so zu. Meine Weihnachtskakteen stehen voller Knospen. Ich habe sie selbst von Ablegern gezogen, wie alle meine Blumen, die hier sehr kostbar sind. Von dem Unfall von Frau Frisch hattest du uns nichts mitgeteilt.
Ich freue mich, Franzl, dass du noch Zeit für die Scouts hast, so bist du mit deinen Jungen zusammen. Hast du in der Schule auch nette neue Kameraden gefunden?
Nun lebt wohl, meine Lieben, und seid innig umarmt und geküsst von Eurer Mutti.

MARTIN RUFT AUS SCHWEDEN AN

Anfang Dezember bekommt Oma einen Anruf. Es ist Martin: *Josse und ich sind in Borås in Schweden! Wir sind bei alten Kunden von mir und es geht uns gut.* Dann sagte Martin kurz etwas über ihre Flucht durch die Wälder nach Schweden mit Hilfe der norwegischen Widerstandsbewegung.
Damals glaubten wir an die Geschichten, die von den Nationalsozialisten verbreitet wurden, dass die Juden in »Arbeitslager« gebracht wurden. Etwas anderes übertraf ganz unsere Gedankenwelt. Somit gab es die Hoffnung, eines Tages Vati und Mutti wieder zu sehen.
Es war erst kurz nach dem Ende des Krieges 1945, als in den Kinos authentische Journalbilder aus verschiedenen Konzentrations- und Vernichtungslagern, aufgenommen von den alliierten Truppen, gezeigt wurden. Erst dann konnten wir erfassen, was wirklich geschehen war.

Danach schlug die Trauer
wie eine schwarze Welle über uns.

EPILOG 2

In Norwegen wurde mit den Nazi-Verbrechern schnell abgerechnet. Ministerpräsident Vidkun Quisling wurde verurteilt und am 24. Oktober 1945 in Festung Akershus in Oslo hingerichtet. Bereits vor dem Ende des Krieges wurde der berüchtigte Chef der Statspolitiet und Sikkerhetspolitiet Karl Mathisen von Mitgliedern der Befreiungsbewegung getötet. Dies jedoch führte dazu, dass 34 Norweger ausgewählt nach dem Zufallsprinzip als Vergeltung getötet wurden. (Die Stichworte »Quisling« und »Mathisen« kann man bei Wikipedia nachschlagen).

Fritz und Margots in Asker vorhandenes Eigentum wurde 1942 von den Behörden beschlagnahmt und in einer öffentlichen Versteigerung verkauft. Als ich Martin nach dem Ende des Krieges besuchte, konnten wir die Liste einsehen und entweder von den Käufern das zurückfordern, was sie gegen besseres Wissen gekauft hatten, oder eine Entschädigung erhalten. Wir erhielten etwa ein paar hundert Dollar, die ich mit Hanna und Hilla teilte. Das wertvollste Objekt, Margots Bechstein-Flügel, wurde für eine unbedeutende Summe von einer deutschen Offiziersmesse gekauft, aber konnte nicht wiedergefunden werden. Margots Singer-Nähmaschine kam zurück und konnte zu Hanna in Buenos Aires geschickt werden.
Den 4. März 1999 gab das norwegische Parlament eine historische Entscheidung bekannt, »die moralische Wiedergutmachung gegenüber der jüdischen Minderheit und deren ökonomischer Liquidation in Norwegen während des Zweiten Weltkrieges«. Ich erhielt einen Brief zu diesem Zweck von der Kongl. Justie-Og Politidepartement vom

26. März. Der Antrag sollte spätestens am 1. November 1999 eingereicht werden.
Wir drei Kinder mussten unseren gemeinsamen Antrag mit Geburtsscheinen mm. bekräftigen. Diese konnten wir schnell vom Standesamt in Chemnitz, das mit deutscher Genauigkeit schnell antwortete, erhalten. Die Summe, die bewilligt wurde, betrug 200.000 Norwegische Kronen pro Person, d.h. 400.000 für Fritz und Margot zusammen. Durch drei geteilt, waren es 133.000 für jeden einzelnen. So wie dieses Gesetz geschrieben wurde, ist es eine Pauschalabfindung für alle wirtschaftliche Verluste, aber keine Entschädigung für die Deportation und Ermordung. Die jüdischen Institutionen in Norwegen haben darüber hinaus eigene Entschädigungen für verlorenes Eigentum etc. erhalten.
Erst nach 70 Jahren, am 26. November 2012, dem Jahrestag der Deportation der ersten 532 Juden in Konzentrationslager mit »S/S Donau«, sagte Polizeichef Odd Reidar Humlegaard:
Ich bitte um Entschuldigung für die norwegische Polizei und die Verantwortlichen für die Durchführung der Deportation der norwegischen Juden in die Konzentrationslager. Ich möchte mein Bedauern darüber ausdrücken für die Rolle, welche die Polizei bei der Verhaftung und Deportation von diesen völlig unschuldigen Opfern spielte.
Diese Entschuldigung kam zwei Monate, nachdem Ministerpräsident Jens Stoltenberg eine förmliche Entschuldigung ausdrückte. Insgesamt wurden 772 Juden deportiert und nur 34 überlebten, von denen 25 zurück nach Norwegen kamen.
Samuel Steinmann, ein norwegischer Auschwitz-Überlebender, sagt im schwedischen Nachrichtenkanal TV2: *Es ist gut zu hören, aber es war höchste Zeit für diese Entschuldigungen.*

Im Jahre 1948 wurde ein Denkmal errichtet für die Juden, die deportiert und von den Nazis in den Vernichtungslagern ermordet oder in Norwegen erschossen wurden. Das Denkmal wurde von dem dänischen Bildhauer Harold Isenstein entworfen und steht auf dem Friedhof von Mosaiske Trossamfundet (der Jüdischen Gemeinde) bei Helsfyr außerhalb Oslos.
Eine Urne mit Asche aus Auschwitz wurde 1953 als Teil des Denkmals beigesetzt. Auf den Gedenktafeln stehen auch die Namen Fritz und Margot Cohn. (Vgl. Abbildung S. 115) Alljährlich am Jahrestag der Deportation der Juden von Norwegen findet eine Gedenkfeier am Denkmal statt.

Denkmal auf Oslos Jüdischem Friedhof zur Erinnerung an die von den Nazis ermordeten Juden. Hier stehen auch die Namen Fritz Cohn und Margot Cohn.

Es wird gesagt, dass die schwedischen Nationalsozialisten Deportationslisten bereit hatten. Die Aufenthaltserlaubnis, die die schwedischen Behörden uns 500 jüdischen Kindern gaben, war bedingt. Mein deutscher Reisepass wurde sofort ungültig und wurde durch einen sogenannten Fremdenpass mit rotem Umschlag ersetzt. Aufenthaltsgenehmigungen mussten laufend für je sechs Monate erneuert werden, gegen die Zahlung einer Gebühr von 2 Kronen, mit einer schönen roten Marke eingeklebt als Quittung. Es gab auch auf jeder Seite den Stempel: Gilt nicht für Rückfahrt nach Schweden. Bei Reisen ins Ausland nach dem Krieg musste man zuerst ein Gesuch erneut eingeben. Vier Stempel in meinem Pass hatten diese Formulierung: »Visum wird erteilt, sofern der Besitzer dieses Reisepasses nicht in Schweden an politischer Propaganda teilnimmt.« Das Visum mit diesem Stempel hatte ich in den Jahren, als ich 15 bis 17 Jahre alt war. Erst neun Jahre nach meiner Ankunft in Schweden erhielt ich im Alter von 21 die schwedische Staatsbürgerschaft und einen schwedischen Pass. Danach konnte ich mich gegenüber meiner neuen Heimat rechtfertigen, indem ich einen einjährigen Militärdienst bei der F8-Flugflottille in Barkarby nahe Stockholm als Wehrpflichtiger Nr 4411-1-47 machen musste. Obwohl ich als nicht waffentauglich eingestuft wurde und in der Radiowerkstatt diente, erhielt ich die Silberne Marke im Pistolenschießen. Der rote Fremdenpass und die Silbermarke sind in meinem Archiv.

Der Schwedische Staat stellte überhaupt keine ökonomische Hilfe für die jüdischen Immigranten-Kinder auf. Die jüdischen Gemeinden in Schweden mussten selbst alle Verantwortung für die Kinder übernehmen.[1]
Ingrid Lomfors hat in ihrer Doktorarbeit mit dem Titel (hier ins Deutsche übersetzt) »Verlorene Kindheit – zurückgewonnenes Leben«[2] ausführlich die Aktionen für jüdische Kinder aus Nazi-Deutschland beschrieben und wie es einigen dieser Kinder ergangen ist. Eine Umfrage Anfang der 1990er Jahre zeigt, dass 65 Prozent der Kinder in Schweden geblieben sind, 18 Prozent wanderten nach dem Krieg in die Vereinigten Staaten aus und 13 Prozent gingen nach Israel.
Der Umfrage zufolge hatten 64 Prozent das Abitur erworben und weiter an Hochschulen in Schweden oder anderswo in der Welt studiert, und unter ihnen hatten 18 Prozent ein Universitätsexamen bestanden, einige von ihnen mit einem Doktorgrad, schreibt Ingrid Lomfors. Ich kenne mehrere, die Ingenieure und Techniker oder Wissenschaftler wurden oder erfolgreiche Unternehmen gegründet haben. Ich zähle mich zu dieser Gruppe. Wir glauben, dass wir wertvolle Beiträge für die schwedische Gesellschaft und Wirtschaft erbracht haben. Ich kannte aber auch einige Kinder, die psychisch geschädigt waren.

---

1 Ein Jahr später nahm Schweden 72.000 finnische Kinder entgegen, als der Winterkrieg im November 1939 ausgebrochen war. Von diesen blieben 15.000 in Schweden, als der Weltkrieg vorbei war.

2 Ingrid Lomfors: Lost Barndom – Återvunnet liv; De judiska flyktingbarnen från Nazi-Tyskland, Abteilung für Geschichte, Universität Göteborg, 1996, 313 Seiten mit Zusammenfassung in Englisch.

Ich hatte das Glück, in eine schwedische Schule bis zur neunten Klasse gehen zu können, gefolgt von zwei Jahren an Stockholms Technischem Institut, wo ich ein Examen als Ingenieur in Teletechnik mit Auszeichnung ablegte. Seit Gottfried Bermann-Fischer und seine Familie Schweden im Frühjahr 1941 durch die Hintertür über Russland und Japan in die Vereinigten Staaten gereist waren, sind meine Großmutter Elise Bermann und ich in Stockholm

Elise Bermann auf dem Balkon der 2-Zimmerwohnung auf der Askrikestrasse 15

verblieben. Sie ersetzte für mich Vater und Mutter, und wir lebten harmonisch zusammen bis 1946. Da war sie 77 Jahre. Ökonomisch überlebten wir durch Beiträge von Gottfried, der einen Teil seines Gehaltes vom Verlag an Elise Bermann gehen ließ. Robert hat auch Geld aus England geschickt und Hilla und Rolf haben geholfen, mein Schulgeld zu bezahlen. Nach Beendigung des Studiums im Juni 1944, ich war dann 17, bekam ich sofort eine Anstellung und konnte meinen Anteil an unseren Kosten übernehmen.
Der Bermann-Fischer Verlag würde bald seine Geschäfte in Schweden einstellen und Gottfried nahm dann seine Mutter nach New York, welches sich für die alte Dame als unglücklich erwies. Sie fuhr zurück nach Stockholm und lebte dann einige Jahre in Anderssons Pensionat auf Wallingatan, wo sie Freunde hatte. Gottfried nahm sie dann nach Amsterdam, wo er den Querido-Verlag wiedergegründet hatte. Sie starb dort im Alter von 82 Jahren.
Ich tauschte unsere Zwei-Zimmer-Wohnung auf Gärdet in eine Einzimmerwohnung, die ich mir leisten konnte und konnte eine Existenz aufbauen und schließlich eine Familie mit meiner Eva, die eine Überlebende ist, bilden. Sie hat ihre eigene schmerzhafte Geschichte.

Eva lebte in Kal, einer kleinen Stadt in der Ungarischen Provinz. Ihr Vater war Exporteur von Obst und Gemüse. Evas Eltern, Samuel und Ethel Kallus, hatten sieben Kinder, drei Jungen und vier Mädchen. Die Familie lebte ein traditionelles jüdisches Leben in einer kleinen Gemeinde. Die drei Söhne, Bela, Miklos und Tibor, die älter waren, wurden 1943 zu den ungarischen Kompanien mobilisiert, die Zwangsarbeit hinter den deutschen Linien an der russischen Front leisten mussten.
Alle drei überlebten den Krieg. Bela und Miklos kehrten zuerst nach Ungarn zurück, aber flohen mit ihren Familien nach Schweden im Zusammenhang mit der Revolution von 1956. Tibor ging direkt in das damalige Palästina, wo er heiratete und dort eine große Familie bekam. Er arbeitete bis zu seiner Pensionierung als Arbeitsleiter an der staatlichen israelischen Mekorot Water Company. Tibor nahm auch Teil an Großprojekten, die Mekorot in Iran (in der Schah-Zeit) und Nigeria durchführte.
Die älteren Schwestern, Jolán 23 Jahre und Erzsebet 19 Jahre, waren in Budapest, als sie im Frühjahr 1944 nach Bergen-Belsen deportiert wurden. Erzebet starb dort. Jolán überlebte und kehrte erst nach Budapest zurück, aber sie fuhr dann zu dem Bruder Tibor in Israel.
Eva, 15 Jahre alt, wurde zusammen mit ihren Eltern und der jüngsten Schwester Mira, 13 Jahre, nach Auschwitz deportiert. Die Eltern und Mira wurden sofort nach der Ankunft ermordet. Eva wurde ausgewählt, um zu leben.
In der Datenbank von Yad Vashem in Jerusalem finden Sie Evas und meine ermordeten Lieben und ihre Schicksale zur ewigen Erinnerung festgehalten.

Nach drei grausamen Monaten in der Kinderbaracke Nr. 8 in Auschwitz wurde Eva zur Zwangsarbeit in eine Fabrik in Norddeutschland ausgewählt. Die deutsche Rüstungsindustrie, in diesem Fall die Firma »Valvo«, eine Tochtergesellschaft von »Philips«, brauchte Mädchen mit guten Augen und flinken Händen für die Montage von Radioröhren. Als dann die Alliierten das Gebiet bombardierten, wurde die Fabrik in eine Salzgrube verlegt.

Eva wurde im Frühjahr 1945 durch einen der weißen Busse vom schwedischen Roten Kreuz befreit. Von Dänemark wurde sie mit Bahn und Fähre nach Malmö gebracht und war dann in Osby in Skåne (Südschweden) für eine einmonatige Quarantäne zusammen mit hundert anderen überlebenden Mädchen aus Ungarn und anderen Ländern. Ungarns Botschafter in Stockholm wusste, dass viele der Mädchen nichts anders als Ungarisch beherrschten, und er warb eine bekannte, ehemalige Tänzerin, Bea Lajtai, die in Stockholm lebte, an, nach Osby zu fahren, um, wenn möglich, mit der Sprache zu helfen. Bea fasste Sympathie für Eva und ordnete an, dass sie nach Ende der Quarantänezeit nach Stockholm kam.

Eva konnte bei Freunden von Bea in Stäket nahe Stockholm wohnen, es war bei der Familie von Karl und Gittel Diamant. Durch Bea wurde sie auch eine Art Adoptivtochter von Beas Freunden Kalman und Marika Lauer, die keine eigenen Kinder hatten und auch von mehreren anderen ungarisch-jüdischen Familien in Stockholm. Bei Diamants musste Eva sich um deren kleine Babytochter Irene kümmern. Eva sprach Deutsch und lernte schnell Schwedisch.

Ich traf Eva bei Bea im Sommer 1945 und verliebte mich sofort in sie. Evas große braunen Augen erinnerten mich an meine Mutter. Eva war damals 16, und ich 18. Das ist jetzt mehr als 70 Jahre her.

Wir heirateten am 14. November 1948 in Stockholms Großer Synagoge. Die Ehe wurde durch Rabbiner Emil Kronheim und Kantor Leo Rosenblüth geschlossen. Eva war 19 und ich war 21.
Jetzt leben wir wieder drei Generationen in der gleichen Stadt. Wenn ich mir unsere drei Kinder und sieben Enkelkinder anschaue, alle jetzt Erwachsene, so fühle ich ein großes Glück. So haben wir Hitler besiegt.

Eva und Franz in der Mitte, umgeben von ihren zwei Söhnen, einer Tochter und Schwiegertochter sowie sieben Enkelkindern. Foto von 2013.

In seinen zwei Biografien beschreibt Gottfried, wie er mit seiner Familie, zusammen mit der Familie Busch den Weg in die Vereinigten Staaten machte. Zuerst mit Flugzeug von Bromma Flugplatz in Stockholm über das Baltikum und Leningrad nach Moskau und dann mit der Transsibirischen Eisenbahn nach Wladiwostok. Diese Zugfahrt dauerte 14 Tage, auf Holzbänken (da die reservierten Plätze in der ersten Klasse für Kommunistenführer beschlagnahmt wurden). Dann folgte eine Seereise auf einem japanischen Luxus-Schiff nach San Francisco, wo sie von Thomas Mann und anderen Freunden begrüßt wurden. Schließlich ging die Reise durch das ganze Land in einem neuerworbenen gebrauchten Auto an die Ostküste, wo sie schließlich ein geräumiges Haus in Old Greenwich, Connecticut mieten und neu anfangen konnten. Gottfried traf einen amerikanischen Verlegerkollegen, der ihm mit der Niederlassung in New York City half. Bald konnte Gottfried in seinem neuen Bürozimmer zusammen mit seinem Freund Fritz Landshoff, dem es geglückt war, aus Holland zu fliehen, einen neuen Verlag gründen, die L.B. Fischer Publishing Corporation. Man begann die englischen Übersetzungen von einigen der Schriftsteller des Bermann-FischerVerlages zu veröffentlichen. Umgekehrt konnten sie auch deutsche Bücher aus Stockholm hier verkaufen, da die Vereinigten Staaten nunmehr einen großen Kreis von deutschsprachigen Einwanderern hatten.
Nun, mit immer mehr neuen Kontakten, konnte Gottfried die deutschen Rechte für neue amerikanische Bestseller für Bermann-Fischer in Stockholm vermitteln. Dazu gehörten unter anderem Werke von Ernest Hemingway, Schalom Asch und William Saroyan.

Während des Krieges bekam Gottfried von den Alliierten den Auftrag, Lehrmaterial für die deutschen Kriegsgefangenen in den USA und anderen Gefangenenlagern zusammenzustellen. Man wollte sie umerziehen. Mehr als eine Million Bücher unter dem Verlagsnamen »Neue Welt« von einer großen Anzahl Verfassern, darunter Heinrich Heine und Thomas Mann, wurden billig hergestellt und an die etwa 800.000 Kriegsgefangenen verkauft.
Die Töchter Gaby, Gisi und Annette bekamen eine amerikanische Ausbildung, aber haben niemals ihr Deutsch und Schwedisch ganz vergessen.
Kurz nach Ende des Krieges 1945 kam Gottfried mit einer als Verkehrsflugzeug konvertierten sogenannten »Flying Fortress« zu Besuch nach Stockholm. Seine Ausweisungsverfügung von 1940 war aufgehoben und vielleicht hatte er sogar eine Art Entschuldigung von den schwedischen Behörden erhalten. Er konnte seinen schwedischen Verlag besuchen und auch mich, seinen Neffen, treffen, was sehr schön war. Er arrangierte auch, dass ich einen formalen Vormund nach Großmutter bekam. Dieser half mir später mit dem Gesuch für die schwedische Staatsbürgerschaft. Es war der Rechtsanwalt des Bermann-Fischer Verlages und von Bonnier, Ivar Philipson, der gleiche Mann, der in seinem Motorboot Thomas Mann und Frau im August 1939 nach Dalarö gebracht hatte.
Als der Krieg vorbei war, war Gottfrieds erster Gedanke, den S. Fischer Verlag im besiegten Deutschland wiederzugründen. Dieses dauerte jedoch. Als erster Schritt wurde in Zusammenarbeit mit Landshoff der Querido-Verlag im befreiten Amsterdam wieder errichtet um dort die eigenen Autoren für den erwachenden deutschen Markt herauszugeben. Die Alliierten gaben damals noch nicht die Erlaubnis für eine Niederlassung in Deutschland und darüber hinaus

war es knapp an Druckpapier. Gottfried bekam jedoch den Auftrag, entnazifizierte Schulbücher in der englischen Besatzungszone zu entwickeln.
Nach ein paar Jahren konnte Gottfried den S. Fischer Verlag AG in Frankfurt am Main wieder etablieren. Unter seiner erfolgreichen Leitung und mit kompetenten Mitarbeitern wurde S. Fischer wieder zu einem in Deutschland hervorragenden Kulturverlag.
Tutti arbeitete als Designer des Verlages und entwarf geschmackvolle und elegante Buchumschläge. Als Gottfried 65 wurde und nicht wie Samuel Fischer einen geeigneten Schwiegersohn hatte, der den Verlag übernehmen konnte (einer war Schauspieler, der andere Dirigent), verkaufte er den Verlag an eine Gruppe von jungen und kompetenten deutschen Kollegen, die unter der Leitung von Monika Schoeller den Verlag auf demselben hohen kulturellen Niveau weiter führten. Gottfried und Tutti verbrachten den Rest ihres Lebens vor allem in ihrem Landhaus in Camaiore in der Toskana, wo Gottfried sich seinem Hobby als Bildhauer widmete und wunderbare Werke schaffte. Eine seiner Eisenskulpturen schmückt den Umschlag dieses Buches. Er starb 1995, 98 Jahre alt. Tutti war bereits 1991, im Alter von 86 Jahren verstorben.

Die Machtergreifung der Nazis und Hitlers nach demokratischen Wahlen war der Anfang vom unsagbar grausamen Ende für 6 Millionen Juden, davon 1,5 Millionen Kindern. Wie der damalige schwedische Finanzminister Anders Borg in einer Rede am Wallenberg Platz in Stockholm sagte:

> *Der Holocaust ist seinem Umfang, seiner Grausamkeit und seiner Unmenschlichkeit kaum zu fassen.*

Die Lehre, die danach von allen Juden, sowohl in Israel als auch außerhalb, gezogen wurde, war gegeben, Hass und Drohungen von Demagogen und politischen oder religiösen Bewegungen müssen immer ernst genommen werden. Mein Vater hatte es nicht rechtzeitig getan. Dann war es zu spät.

Nun sind nahezu 6 Millionen Juden, die derzeit in Israel leben, bedroht. Die Bedrohung durch den iranischen Großen Ayatollah Ali Khamenei ist konkret: »Israel muss von der Landkarte verschwinden!«.

Die gleiche Bedrohung kommt vom Islamischen Staat und gibt es längst in den Statuten der Hamas und in ihren Aussagen. Hamas beherrscht Gaza, wie Sie wissen.

Die palästinensische Autonomiebehörde lehrt ihre Kinder Israel und Juden zu hassen und ermutigt ihre jungen Menschen zu Gewalttaten. Wie kann es da Frieden geben?

Gleichzeitig überschwemmt die arabische Hass-Industrie mit den Protokollen der Weisen von Zion, und anderer antisemitischer Literatur in großen Auflagen, nicht nur ihre eigenen Länder, um Juden und Israel zu dämonisieren. Die ganze klassische europäische Propaganda mit Lügen über Juden wird übersetzt und effektiver verbreitet, als es die Nazis konnten, mit Hilfe von Satellit-TV, Parabolan-

tennen und Internet. Juden und Israel dienen erneut als Sündenböcke für die eigenen Unzulänglichkeiten und so kann man die Schuld für alle Probleme auf sie abwälzen. Aber schließlich bin ich vorsichtig optimistisch.
Wir leben weiter!

Denkmal auf Oslos Jüdischem Friedhof für die von den Nazis ermordeten Juden

SO IST DIESES BUCH ZUSTANDEGEKOMMEN

Vortrag von Prof. Eberhard Görner, gehalten auf der Leipziger Buchmesse, am 18. März 2018

Es gibt noch Wunder. Kein Wort fiel über den Namen Franz T. Cohn beim Interview mit Gottfried Bermann Fischer, Verleger, Autor und Bildhauer, am 5. August 1994, in seiner zauberhaften *Casa Fischer* in Camaiore in der italienischen Toscana, wo er mit 97 Jahren und hellwachem Geist sein bewegtes Leben, er war der einzige Verleger von Thomas Mann, noch einmal Revue passieren ließ. Das Film-Porträt »Wanderer durch ein Jahrhundert – Der Verleger Gottfried Bermann Fischer« (Buch: der Autor dieser Zeilen/ Regie: Michael Trabitzsch) produziert von der *Provobis-Film Berlin* im Auftrag von *ORF* und *MDR*, war ein einmaliger Glücksfall, denn Gottfried Bermann Fischer hatte sich jahrzehntelang den Medien verweigert – bereits im Jahr 1994 äußerte er seine Besorgnis nicht nur vor unserer Kamera: *Dass die Reaktion auf den Neonazismus, der in Deutschland um sich greift, so schrecklich ist, erfüllt mich wirklich mit Sorge. Die Hetze gegen die Ausländer, gegen die Juden, das alles kommt mir bekannt vor, als dass man zur Tagesordnung übergehen könnte.*

Am 5. Juli 2017 lud mich Monika Schoeller, Verlagsleiterin des S. Fischer Verlag Frankfurt am Main, zu einem Gast-Vortrag ein zum Thema »Gottfried Bermann Fischer – Wanderer durch ein Jahrhundert – Nachdenken über ein filmisches Porträt«. Ein paar Tage später, verbunden mit einem Gruß von Monika Schoeller, kam mit der Post das Hörbuch »Franz T. Cohn: Wir leben weiter. Die Geschichte einer Familie.« vom Argon Verlag Berlin. Am 24. Juli 2017 schrieb ich an den S. Fischer Verlag: *Liebe Frau Schoeller, am vergangenen Samstagabend habe ich mit meiner Frau das Hörbuch »Wir leben weiter. Die Geschichte einer Familie« von Franz T. Cohn angehört. Für Ihr Geschenk möchte ich Ihnen herzlich danken. Es ist eine bewegende Geschichte und für mich mehr als spannend, zu wissen, dass das Schicksal von Franz T. Cohn mit dem von Gottfried Bermann Fischer verbunden ist. Ja – und Chemnitz, wo Franz T. Cohn 1927 geboren wurde, da habe ich von 1961 bis 1963 im VEB Germania meinen Facharbeiter als Dreher erworben. Chemnitz, hier eröffnete 1930 der jüdische Verleger und Unternehmer Salman Schocken das modernste Kaufhaus in Europa, erbaut von dem Werkbund-Architekten Erich Mendelsohn. Chemnitz, das ist ja auch der Geburtsort von Stephan Hermlin und Stephan Heym. Was die Nazis zwischen 1933 und 1945 an*

Casa Fischer/Camaiore: Gottfried Bermann-Fischer am 5. August 1994 im Interviewgespräch mit Eberhard Görner

Geist vernichtet haben, wird Deutschland – wie es in der Bibel steht – über sieben Generationen Schuld abringen. Dieses deutsche humanistische Defizit, das sieht man ja jeden Tag, es mahnt mit Brecht: Der Schoß ist fruchtbar noch, aus dem das kroch! Vielleicht, liebe Frau Schoeller, würde sich Franz T. Cohn über unser Bermann-Fischer-Film-Porträt freuen – und wenn Sie mir seine Adresse zukommen lassen, könnte ich mir vorstellen, mit Ihrem Hörbuch und unserem Film eine gemeinsame Veranstaltung im Goethe-Institut in Stockholm zu ermöglichen.

Das war mein erster Gedanke, Hörbuch und Film zu verbinden. Mein zweiter wurde mir aber immer wichtiger: dass die Geschichte einer Familie von Franz T. Cohn auf deutsch als Buch erscheint. Zwischen Stockholm und Bad Freienwalde entstand ein dynamischer E-Mail-Dialog. Am 31. Juli 2017 schrieb Franz T. Cohn: *Ich bin sehr imponiert von allem, was Sie für Gottfried B-F getan haben und tun wollen. Ich bin auch Frau Monika Schoeller sehr dankbar für die Herstellung des Hörbuchs durch die S. Fischer Stiftung und dem Argon-Verlag. Gottfried in Schweden war ja für mich meine Rettung, denn sonst wäre ich nach Norwegen gekommen und wäre mit den Eltern nach Auschwitz deportiert worden. Gottfried mit Tutti haben weitere drei Kinder von Wiener Freunden, die Mutter, Schwiegermutter, Schwägerin und mindestens drei Mitarbeiter nach Schweden gerettet.*
Zu nennen ist, dass mein Buch ohne Kürzungen in Schwedisch erschienen ist und sich sehr gut verkauft hat. Der Erlös geht an ein Kinderdorf in Israel. Viele Käufer sind Christen. Dann habe ich das Buch auch in einer pdf-Version auf englisch herausgegeben. Diese besonders für meine in der ganzen Welt verbreitete Familie, deren zweite und dritte Generation kein Deutsch versteht. Wenn Sie es möchten, kann ich Ihnen sowohl das schwedische Buch als auch die pdf-file senden. Ich höre gerne wieder von Ihnen. Mit herzlichen Grüßen – Franz

Es war gar nicht so einfach, von Franz T. Cohn die deutsche Fassung seiner Erinnerungen zu erhalten, weil er meinte, sie enthalte zu viele Fehler. Aber als ich sie dann doch in den Händen hielt, wusste ich, welchen Verlegern sie anzuvertrauen waren: Birgit und Dr. Andreas Eichler, Mironde Verlag, Turnstrasse 45, 09243 Niederfrohna bei Chemnitz – 17.08.2017 – *Liebe Birgit, lieber Andreas, die dramatischen Erinnerungen von Franz T. Cohn sind eng mit Chemnitz verbunden. Ich habe mich mit ihm in Stockholm in Verbindung gesetzt, denn dass Gottfried Bermann Fischer sein Onkel ist – er hat ihm sein Leben gerettet – macht die Geschichte von Franz T. Cohn aufregend, erregend und zutiefst erschütternd. Franz Cohn ist 90 Jahre alt. Als wir Gottfried Bermann Fischer in Camaiore in der Toscana gedreht haben – Dank ORF und MDR – war er 97 Jahre alt – ein Jahr später gab es ihn nicht mehr. Es appelliert an Euren verlegerischen Mut. Euer Eberhard!*
Am 18.08. 2017 schrieb mir Franz T. Cohn: *Lieber Eberhard, ich schätze sehr Dein Urteil über die deutsche Textversion und freue mich, dass Du sie mit Interesse gelesen hast. Dein Vorschlag, dass ich einen Vortrag in Berlin halten sollte ist zwar sehr ermunternd, aber für mich bei 90 physisch nicht mehr in Frage kommend. Auf alle Fälle war diese deutsche Textversion von großem Interesse für einige nahe Verwandte in Argentinien und Israel. Die Bücher, die Du geschickt hast, waren hochinteressant für mich. Besonders die Geschichte von der Familie Schocken. Hoffentlich können wir weiter in Kontakt bleiben. Alles Gute – Franz*

Am 22.08.2017 schrieb mir Mironde: *Du hast recht, die Sache ist in mehrfachem Sinn von Bedeutung. Wir sind interessiert. Es grüßen Dich herzlich Birgit und Andreas*

Es gibt noch Wunder. Heute, am 18. März 2018, auf der Leipziger Buchmesse, im Forum der Halle 4, werden die Erinnerungen »Wir leben weiter. Die Geschichte einer Familie.« von Franz T. Cohn der Öffentlichkeit vorgestellt. Heute, am 18. März 2018, feiert Franz T. Cohn, in Stockholm, mit seiner Familie seinen 91. Geburtstag.

Mit diesem Buch verbinden sich zwei kulturelle Epochen. Mein Interview und Film mit Gottfried Bermann-Fischer und den Wiederaufbau des S. Fischer Verlages nach dem Zweiten Weltkrieg und die im Film nicht genannten, aufregenden Jahre der Verfolgung und die Zeit in Stockholm 1938–1940 die Franz T. Cohn in diesem Buch spannend geschildert hat.

Es gibt sie, die göttliche Gerechtigkeit!

Eberhard Görner

ÜBER DEN AUTOR

Franz T. Cohn, geboren 1927 in Chemnitz, kam 1939 als Flüchtlingskind mit einem Kindertransport nach Schweden. Dort ging er in die Schule, wurde Elektronikingenieur und ging dann ins Marketing und wurde selbstständiger Unternehmer in Hochtechnologie. Mit seinem Hintergrund war es für ihn selbstverständlich für Israel zu arbeiten. Er war Vorsitzender der Vereinigten Israel-Einsammlung (Keren Hayesod) während mehrerer Jahre und arbeitete zuvor, auch freiwillig, für die verfolgten Juden in der Sowjetunion. Er hat sowohl technische als auch politische Artikel und Buchbesprechungen geschrieben und diese in der Fachpresse und allgemeinen Medien veröffentlicht. Im Jahr 2007 veröffentlichte er die Anthologie »Politisch Inkorrekt – zehn Jahre Israel in schwierigen Zeiten«. Von 1995 bis 2002 war er Chefredakteur der Zeitschrift »Menorah« und im Herbst 2000 hat er die wöchentliche e-Bulletin »Schnelles Neues (Snabbnytt) von Israel« gestartet und war der Redakteur bis 2005. Dann begann er mit der monatlichen e-Zeitschrift »Auf der hellen Seite mit positiven Nachrichten aus Israel« (Från den ljusa sidan – med positiva nyheter från Israel) als Redakteur bis zum Jahr 2014. Seither trägt er noch mit Medizinischen Nachrichten aus Israel bei.

Bildnachweis

Bildarchiv Cohn: 5, 17, 18, 22, 25, 26, 27, 29, 30, 31, 34, 52, 55, 56, 67, 68, 70, 90, 94, 107, 110, Titel
NTB scanpix: 100, 112
Bildarchiv Görner: 114
Rudolph Dührkoop / Archiv S. Fischer Verlag: 21
wikipedia: 43